"十二五"国家重点图书出版规划项目

社会系列

拉萨史话

A Brief History of Lhasa

马新明　主编

社会科学文献出版社
SOCIAL SCIENCES ACADEMIC PRESS (CHINA)

《拉萨史话》撰写委员会

主　　任　李文华

成　　员　王靖元　　杨　丽　顾宝要　张虎生
　　　　　尕藏才旦　措　吉　何　纲　周晓艳
　　　　　蔡秀清

总　序

　　中国是一个有着悠久文化历史的古老国度，从传说中的三皇五帝到中华人民共和国的建立，生活在这片土地上的人们从来都没有停止过探寻、创造的脚步。长沙马王堆出土的轻若烟雾、薄如蝉翼的素纱衣向世人昭示着古人在丝绸纺织、制作方面所达到的高度；敦煌莫高窟近五百个洞窟中的两千多尊彩塑雕像和大量的彩绘壁画又向世人显示了古人在雕塑和绘画方面所取得的成绩；还有青铜器、唐三彩、园林建筑、宫殿建筑，以及书法、诗歌、茶道、中医等物质与非物质文化遗产，它们无不向世人展示了中华五千年文化的灿烂与辉煌，展示了中国这一古老国度的魅力与绚烂。这是一份宝贵的遗产，值得我们每一位炎黄子孙珍视。

　　历史不会永远眷顾任何一个民族或一个国家，当世界进入近代之时，曾经一千多年雄踞世界发展高峰的古老中国，从巅峰跌落。1840 年鸦片战争的炮声打破了清帝国"天朝上国"的迷梦,从此中国沦为被列强宰割的羔羊。一个个不平等条约的签订,不仅使中国大量的白银外流,更使中国的领土一步步被列强侵占,国库亏空,民不聊生。东方古国曾经拥有的辉煌,也随着西方列强坚船利炮的轰击而烟消云散,中国一步步堕入了半殖民地的深渊。不甘屈服的中国人民也由此开始了救国救民、富国图强的抗争之路。从洋务运动到维新变法,从太平天国到辛亥革命,从五四运动到中国共产党领导的新民主主义革命,中国人民屡败屡战,终于认识到了"只有社会主义才能救中国,只有社会主义才能发展中国"这一道理。中国共产党领导中国人民推倒三座大山,建立了新中国,从此饱受屈辱与蹂躏的中国人民站起来了。古老的中国焕发出新的生机与活力,摆脱了任人宰割与欺侮的历史,屹立于世界民族之林。每一位中华儿女应当了解中华民族数千年的文明史,也应当牢记鸦片战争以来一百多年民族屈辱的历史。

当我们步入全球化大潮的 21 世纪,信息技术革命迅猛发展,地区之间的交流壁垒被互联网之类的新兴交流工具所打破,世界的多元性展示在世人面前。世界上任何一个区域都不可避免地存在着两种以上文化的交汇与碰撞,但不可否认的是,近些年来,随着市场经济的大潮,西方文化扑面而来,有些人唯西方为时尚,把民族的传统丢在一边。大批年轻人甚至比西方人还热衷于圣诞节、情人节与洋快餐，对我国各民族的重大节日以及中国历史的基本知识却茫然无知，这是中华民族实现复兴大业中的重大忧患。

中国之所以为中国，中华民族之所以历数千年而不分离，根基就在于五千年来一脉相传的中华文明。如果丢弃了千百年来一脉相承的文化，任凭外来文化随意浸染，很难设想13亿中国人到哪里去寻找民族向心力和凝聚力。在推进社会主义现代化、实现民族复兴的伟大事业中，大力弘扬优秀的中华民族文化和民族精神，弘扬中华文化的爱国主义传统和民族自尊意识，在建设中国特色社会主义的进程中，构建具有中国特色的文化价值体系，光大中华民族的优秀传统文化是一件任重而道远的事业。

当前，我国进入了经济体制深刻变革、社会结构深刻变动、利益格局深刻调整、思想观念深刻变化的新的历史时期。面对新的历史任务和来自各方的新挑战，全党和全国人民都需要学习和把握社会主义核心价值体系，进一步形成全社会共同的理想信念和道德规范，打牢全党全国各族人民团结奋斗的思想道德基础，形成全民族奋发向上的精神力量，这是我们建设社会主义和谐社会的思想保证。中国社会科学院作为国家社会科学研究的机构，有责任为此作出贡献。我们在编写出版《中华文明史话》与《百年中国史话》的基础上，组织院内外各研究领域的专家，融合近年来的最新研究，编辑出版大型历史知识系列丛书——《中国史话》，其目的就在于为广大人民群众尤其是青少年提供一套较为完整、准确地介绍中国历史和传统文化的普及类系列丛书，从而使生活在信息时代的人们尤其是青少年能够了解自己祖先的历史，在东西南北文化的交流中由知己到知彼，善于取人之长补己之短，在中国与世界各国愈来愈深的文化交融中，保持自己的本色与特色，将中华民族自强不息、厚德载物的精神永远发扬下去。

《中国史话》系列丛书首批计200种，每种10万字左右，主要从政治、经济、文化、军事、哲学、艺术、科技、饮食、服饰、交通、建筑等各个方面介绍了从古至今数千年来中华文明发展和变迁的历史。这些历史不仅展现了中华五千年文化的辉煌，展现了先民的智慧与创造精神，而且展现了中国人民的不屈与抗争精神。我们衷心地希望这套普及历史知识的丛书对广大人民群众进一步了解中华民族的优秀文化传统，增强民族自尊心和自豪感发挥应有的作用，鼓舞广大人民群众特别是新一代的劳动者和建设者在建设中国特色社会主义的道路上不断阔步前进，为我们祖国美好的未来贡献更大的力量。

陈奎元

2011 年 4 月

出版说明

　　自古至今，始终坚持不懈地从漫长的文明进程中不断总结历史经验教训，从中汲取有益营养，从而培植广阔的历史视野，并具有浓厚的历史意识，这是我们中国文化独有的鲜明特征，中华民族亦因此而以悠久的"重史"传统著称于世。在整个人类文明史上独一无二、系统完备的"二十四史"即证明了这一点。

　　中华人民共和国成立后，历史知识普及工作被放到十分重要的位置。20世纪五六十年代，著名历史学家吴晗主持编写的《中国历史小丛书》，90年代中国社会科学院院长胡绳组织编写的《中华文明史话》和《百年中国史话》，成为"大家小书"的典范，而后两套历史知识普及丛书正是《中国史话》之缘起。

　　2010年年初，为切实贯彻中央关于"做好历史知识普及工作"的指示精神，同时也为了更好地弘扬中国传统文化，我们对《中华文明史话》和《百年中国史话》

两套丛书的内容进行了修订和增补，重新设计框架，以"中国史话"为丛书名出版。第十一届全国政协副主席、时任中国社会科学院院长陈奎元亲任《中国史话》一期编委会主任，时任中国社会科学院副院长武寅任编委会副主任。正是有了各级领导的关心支持和诸多学术名家的积极参与，《中国史话》一期200种图书得以顺利出版，并广受好评。

《中国史话》丛书的诞生，为历史知识普及传播途径的发展成熟，提供了一种卓具新意的形式。这种形式具有以通俗表述、适中篇幅和专题形式展现可靠历史知识的特征。通俗、可靠、适中、专题，是史话作品缺一不可的要素，也是区别于其他所有研究专著、稗官野史、小说演义类历史读物的独有特征。

囿于当时条件，《中国史话》一期的出版形式不尽如人意，其内容更有可以拓展的广阔空间，为此2013年4月我们启动了《中国史话》二期出版工作。《中国史话》二期分为经济、政治、文化、社会和生态五大系列，拟对中国各区域、各行业、各民族等的发展历史予以全方位介绍。我们并将在适当时机，启动《世界史话》的出版工作。史话总规模将达数千种。

我们愿携手海内外专家学者，将《中国史话》《世界史话》打造成以现代意识展现全部人类历史和人类文明，集学术性、知识性、趣味性于一体的"万有文库"；并将承载如此丰厚内容的史话体写作与出版努力锻造成新时期独具特色的出版形态。

希望史话丛书能在形塑民族历史记忆、汲取人类文明精华、培育现代国民方面有所贡献，并为广大读者所喜爱。

史话编辑部

2014 年 6 月

目 录
Contents

序

　　《拉萨史话》是大型系列文化丛书《中国史话》的重要组成部分。编撰《拉萨史话》，旨在为各级党政领导施政和决策提供可靠的科学依据，为社会各界及广大人民群众尤其是青少年提供一本通俗普及读物，同时还为更多的国内外人士充分了解拉萨在中华文明进程中的地位及影响提供参考依据。《拉萨史话》的编撰，时间紧、任务重、意义重大。在全体编撰人员字斟句酌、核实论证、反复修改、辛勤笔耕下，《拉萨史话》编撰工作圆满完成，今天得以正式出版。我作为该书的编委会主任，感到十分欣慰。

　　拉萨素以风光秀丽、历史悠久、文化灿烂、名胜众多、民风淳朴、风俗独特而闻名于世。拉萨是藏传佛教的"圣城"，在藏传佛教金字塔式结构中居于核心地位，是藏传佛教文化保留最为完整的中心城市；拉萨是历史文化的"名城"，作为国务院首批公布的全国 24 座历史文化名城之一，是展示西藏民族文化和地域文化的重要窗口；拉萨是藏区稳定的"要城"，十四世达赖集团始终将拉萨作为渗透破坏的首选目标，拉萨的稳定关系藏区的稳定，拉萨稳则藏区稳；拉萨是青藏高原的"净城"，拉萨拥有最蓝的天、最白的云、最清的水、最清新的空气，是当今世界上最清净、最圣洁的城市；拉萨是改革开放的"新城"，1951 年拉萨的和平解放赋予了拉萨新的生命，1978 年改革开放为拉萨的发展注入新的活力，特别是中央五次西藏工作座谈会的召开，促进了拉萨经济的腾飞发展。在党中央、国务院的亲切关怀下，在自治区党委、政府的坚强领导下，在北京、江苏两省市的无私援助下，在历届市委、市政府的不懈努力下，拉萨发生了历史性的变化。

近年来，在以习近平同志为总书记的党中央治藏方略指导下，在区党委、政府的坚强领导下，在北京、江苏两省市的对口支援下，拉萨市委、市政府深入贯彻落实党的十八大、十八届三中全会精神，贯彻落实习近平总书记系列重要讲话精神，特别是"治国必治边、治边先稳藏"的重要战略思想和"努力实现西藏持续稳定、长期稳定、全面稳定"的重要指示，贯彻落实俞正声主席"依法治藏、长期建藏、争取人心、夯实基础"的指示要求，按照区党委对拉萨提出的"充分发挥首府城市的首位度作用"总要求，坚持维护社会稳定和保护生态环境两条底线，深入实施环境立市、文化兴市、产业强市、民生安市、法治稳市"五大战略"，奋力推进拉萨跨越式发展和长治久安。目前，拉萨呈现出经济科学发展、社会和谐稳定、民生不断改善、文化繁荣发展、民族团结进步、人民安居乐业的良好局面。

拉萨市先后被评为"中国优秀旅游城市""全国文明城市""全国双拥模范城市""全国园林绿化城市""全国卫生城市""中国民生典范城市""中国环保典范城市""中国十大节庆城市"等，连续7年被评为百姓幸福感最强的城市。在中国社会科学院发布的2013年《公共服务蓝皮书》中，拉萨蝉联全国38个主要城市基本公共服务满意度排行榜第一名，公共交通、公共安全、城市环境、文化体育、社保就业、GDP杠杆指数6项指标高居榜首，其中公共安全连续三年第一，公共交通、城市环境、社保就业、GDP杠杆指数4项指标连续两年第一，基础教育连续三年进入前3名。

《拉萨史话》主要从市情概览、历史沿革、史海钩沉、民俗文化、名胜古刹、史迹概说和当代新貌六大部分概述拉萨古今发展的历史轨迹，全面记载了拉萨的新事物、新面貌、新成就和新经验，是最权威的拉萨地情文献。该书结构体例完备，记述科学，内容丰富，资料翔实，时代特征和地方特色突出。本书的出版具有鉴往知来、有益当代、惠及后世的重要价值，一定会对拉萨的经济发展、社会进步、文化繁荣，建设美丽家园、幸福拉萨产生重大影响，对维护祖国统一、促进民族团结发挥积极作用。

本书在编撰过程中，得到了有关专家、学者的悉心指导，得到了全市各方力量的热情支持。值此书付梓之际，谨向指导、关心、参与《拉萨史话》编撰的各界人士致以深切的谢意！

西藏自治区党委常委

拉 萨 市 委 书 记　　齐扎拉

2014 年 8 月

一　市情概览

　　在雄奇辽阔的青藏高原上，坐落着美丽的古城——拉萨。前有以世界第一高峰珠穆朗玛峰为主峰的喜马拉雅山脉，后有白雪皑皑的念青唐古拉山，山川形胜、物产丰饶、人杰地灵、牛羊肥壮，拉萨河水奔腾不息，哺育着一方百姓。大昭寺前桑烟氤氲，守护万物生灵；布达拉宫巍峨耸立，见证雪域大地的变迁；八廓街繁华喧闹，续写千年历史的沧桑。拉萨市位于西藏自治区中部偏东南的雅鲁藏布江支流拉萨河中游，东与林芝地区交界，南与山南地区相连，西与日喀则地区接壤，北与那

拉萨市全景

曲地区毗邻，面积 29518 平方千米，是西藏自治区首府，是全区的政治、经济、文化中心，是我国 24 大历史文化名城之一，也是重要的世界旅游胜地之一。城区海拔 3650 米，全年日照 3000 小时以上，享有世界"日光城"美誉。

1 自然地理

地形地貌

拉萨位于青藏高原的中部，是世界上海拔最高的城市之一，地形由高山深谷相间而成，地势北高南低，中南部为雅鲁藏布江支流拉萨河中游河谷平原，地势平坦。念青唐古拉山脉屹立于拉萨西北，绵延 140 余千米，主峰海拔 7168 米，为海拔最高点。西北部当雄 – 羊八井谷地海拔 4300～4500 米，东南部拉萨河下游谷地海拔 3600～3900 米。雅鲁藏布江出境处河滩海拔 3576 米，为海拔最低点，与念青唐古拉山主峰之间海拔落差达 3592 米。根据地貌形态和组合特点，拉萨地区大致可分为 4 种地貌区域：一是北部冰蚀极高山、高山地貌区；二是当雄 – 羊八井盆地地貌区；三是纳木错高寒中、低山湖盆地地貌区；四是南部融冻侵蚀高、中山河谷地貌区。

念青唐古拉山脉　位于拉萨市当雄县境内，主峰海拔 7168 米，为海拔最高点，位于东经 90.6°，北纬 30.4°。"念青唐古拉"藏语意为"灵应草原神"，在第 3 纪末和第 4 纪，受东西向的怒江断裂带和雅鲁藏布江断裂带的控制挤压，断续而强烈地上升，形成海拔平均 6000 米以上的高大山系。念青唐古拉山脉在拉萨地区境内绵延 140 余千米，西起尼木县境西北的谭门千峰（海拔 6373 米），东至当雄县境东与那曲县交界的格斗峰（海拔 6121 米），形成北部冰蚀极高山、高山地貌区。念青唐古拉山脉是雅鲁藏布江和怒江两大水系的分水岭，同时将西藏自治区分为藏北、藏南、藏东南三大地域。

纳木错湖 位于拉萨市当雄县和那曲地区班戈县之间。又称腾格里海、腾格里湖。"格里""腾"蒙古语意为"天"，腾格里海、腾格里湖即取湖水湛蓝明净如蓝天之意。海拔 4718 米，面积 1920 平方千米，湖形狭长，东西长 70 千米，南北宽 30 千米，是西藏三大圣湖中海拔最高的湖，也是我国的第二大咸水湖。南依雄伟壮丽、终年积雪的念青唐古拉山，北偎平缓连绵的藏北高原，湖水多为念青唐古拉山冰雪融化后的纯净之水。湖区降水很少，日照强烈，水分蒸发较大。湖水湛蓝明净，雪峰倒映，尽显明丽庄严。湖滨绿草茵茵，水草丰美，闲游湖畔，让人如临仙境，流连忘返。在距今 200 万年前，地壳发生了一次强烈的运动，青藏高原大幅度隆起，岩层受到挤压，有的褶皱隆起，成为高山；有的凹陷下落，成为谷地或山间盆地。纳木错湖就是在地壳运动陷落的基础上，加上冰川活动的影响而形成的。

拉萨河 原名"吉曲藏布"，意思是舒适之江；现藏语称"吉曲"，意为"快乐河""幸福河"，是雅鲁藏布江中游一条较大的支流，也是拉萨市的母亲河。它发源于念青唐古拉山南麓嘉黎县彭措拉孔马沟，在林周县的旁多峡谷与桑丹岗桑雪山上流下来的热振河汇合；在墨竹工卡县的宗雪城堡前面，与拉

纳木错湖

里神山上流下来的雪绒河汇合；在墨竹工卡县的嘎则古庙前面，与工布巴拉雪山上流下的墨竹河汇合。拉萨河流经那曲、当雄、林周、墨竹工卡、达孜、城关、堆龙德庆，至曲水县朗钦日苏象鼻湾与雅鲁藏布江合流，形成了雄伟壮观的江河相汇的高原奇观。拉萨河全长 495 千米，流域面积为 31760 平方千米，海拔高度由源头 5500 米到河口 3580 米，是世界上最高的河流之一。

拉萨河水资源为 105 亿立方米，浇灌着河谷 26 万亩良田沃土，粮食年产量超过 9 万吨，农区人均占有粮 883 千克，与年楚河谷、雅鲁藏布江山南地区干流谷地并称"西藏三大粮仓"。拉萨河谷包括的4个县区（达孜、拉萨市城关区、堆龙德庆和曲水）总面积有6280平方千米，人口有49.2万人，人口密度为78.34人/平方千米，是西藏人口密度最大、经济最发达的地区。这里盛产青稞、小麦、荞麦、玉米、蚕豆、豌豆、油菜、土豆、萝卜、圆白菜、白菜、菠菜、四季豆、莴笋、番茄、黄瓜、南瓜、西瓜、大蒜、辣椒等农作物，适宜养殖牦牛、黄牛、犏牛、绵羊、山羊、马、驴、骡、猪等家畜。

拉萨河

气候特点

拉萨市地处高原腹地，西部和北部有念青唐古拉山和唐古拉山阻挡，远离海洋，受南、北气候的影响较小，属高原温带半干旱季风气候。主要气候特点是日照充足，太阳辐射强烈，日温差大，年温差小；四季不明显，冬无严寒，夏无酷暑；干湿季明显，雨季降水集中，多夜雨；蒸发量大，空气干燥，干季多大风。

拉萨地区分为七个气候区。整个纳木错湖盆地是寒冷半干旱区，是拉萨最寒冷的地区；当雄盆地的东部（西界在当雄与羊八井之间，南北均以山脊为界）属于寒冷半湿润区；林周县北部为冷凉半湿润区；林周县南部和尼木县北部则为湿凉半干旱区；墨竹工卡县属于湿凉半湿润区；达孜、堆龙德庆、曲水、城关三县一区和尼木县南部则为温和半干旱区。

拉萨气温的年际变化不大，除北部外，冬季平均气温均高于 -5℃，夏季都低于 16℃，春温略高于秋季；全市最热月平均气温在 10.2℃ ~ 15.7℃，最冷月平均气温在 -9.4℃ ~ 1.6℃；降水多发生在夜间，昼晴夜雨是高原的一大特征。降水最多的 7、8 月份每月平均日照时数达 220 ~ 230 小时，日照百分率为 54%，每天平均日照 7 ~ 8 小时，对农牧业生产十分有利。

资源分布

拉萨市拥有较为丰富的森林资源、野生动物资源和储量巨大的矿产资源。据 2011 年统计，拉萨市有林地面积 53.87 万公顷，其中包括人工林地、天然乔木林地、疏林地、灌木林地等，森林覆盖率为 17.3%。物种资源共有 938 种。其中，植物主要有圆柏、桦树、杨树、柳树及苹果树、梨树、桃树、核桃树等，还有虫草、贝母、三七、党参、黄芪、当归、大黄、雪莲、黄绿蜜环菌（草地黄蘑）等；野生动物主要有鹿、豹、熊、狐、藏原羚、盘羊、麝、猞猁、水獭、藏雪鸡、哈曼马鸡、血雉、黑颈鹤、斑头雁、金雕、秃鹫、赤麻鸭、裂腹鱼等。拉萨有 1 个国家级自然保护区——拉鲁湿地，2 个国家级森林公园——林周热振国家森林公园、尼木国家森林公园，3 个市级自然保护区，2 个县级自然保护区，41 种国家一级保护动物。

国家级自然保护区——拉鲁湿地，位于西藏首府拉萨市的西北角，是世界稀有的、国内最大的城市湿地，海拔 3645 米，总面积为 6.2 平方千米，是典型的青藏高原湿地。根据我国湿地分类系统，拉鲁湿地应属于芦苇泥炭沼泽。拉鲁湿地中的水分（含地下水）可通过草甸植物在阳光作用下不断蒸腾，从而增加拉萨市区空气的湿度，特别是冬春季枯水期，当拉萨河、堆龙河水域面积仅为丰水期的 1/3，流沙河干枯时，拉鲁湿地对保持拉萨市区的空气湿度起到了不可替代的作用，是名副其实的"城市之肺"。拉鲁湿地还是拉萨市氧气的主要补给源。拉鲁湿地有生长良好的草地，通过光合作用，每年可吸收 7.88 万吨二氧化碳，产生 5.73 万吨氧气。

林周热振国家森林公园于 2004 年被国家正式批准成立，位于林周县北部唐古乡境内，海拔 4200 米，占地面积 7463 公顷，距县城 95 千米，距拉萨 160 千米，是西藏著名的自然旅游风景区。公园里有 22 万株千年古刺柏，树龄达 300～500 年。景区有噶当派的第一座寺院——热振寺遗址。该寺原由阿底峡弟子、噶当派创始人仲敦巴（1005～1064）于北宋嘉祐元年（1056）创建，距今已有 900 多年的历史。景区还有"热振圣水"，泉水淙淙，与阡陌纵横的村庄、湿地河谷、翩翩鹤影、高山牧场、古柏森林共同构成美丽独特的高原风光。

尼木国家森林公园位于拉萨市与日喀则、山南、那曲地区交界处，地处雅鲁藏布江中游北岸，总面积6192公顷，涵盖吞巴、普松、尼木、泽南4个景区，森林覆盖率达70.69%。公园包括尼木最大的咸水湖如巴湖、日措湿地、吞巴乡林区。景区内千年核桃树、古柏、原始灌木和万亩人工林相映成趣，日措湿地及如巴湖是黑颈鹤、斑头雁、赤麻鸭等多种珍稀鸟类的天堂。景区内还保存着丰富的藏民族文化遗产和人文景观：极富传奇色彩的藏文创始人——吞弥·桑布扎故居遗址、沿袭原生态传统水磨藏香生产工艺的水磨走廊及历史悠久的普松手工雕刻之乡。

拉萨拥有储量较大的矿产资源，是中国"十大"矿产资源集中之一，也是西部最有找矿前景的成矿区（带）。从区域矿产分布来看，拉萨市中西部尼木县至墨竹工卡县一带，有斑岩型、矽卡岩型、海底热水流沉积型铜钼多金属矿产及贵金属矿产；南部有大量的花岗岩、板岩等建材矿产；雅鲁藏布江一带有刚玉、宝玉石、铬铁、金等矿产；西北部有铅、锌等多金属矿及铀钍、铌钽等稀有金属矿异常区；在当雄县、尼木县一带的断陷盆地中，分布有丰富的泥炭和地热资源。在已探明的矿种中，地热、刚玉储量居全国第一位，火山灰储量居全国第三位，自然硫储量居全国第四位，拉萨地区已初步查明的有色金属储量居自治区第一位。矿泉水、地热水在全市资源分布也比较丰富。

2　人文环境

行政区划

1960年1月，拉萨正式建市，辖曲水、尼木、堆龙德庆、当雄、达孜、墨竹工卡、林周、旁多8县和东城、南城、西城、北城4个区。1960年10月增设澎波区。1961~1964年，拉萨的行政区划有较大调整：一是将东、南、西、北四区撤销合并为城关区；二是撤销旁多县、澎波区，并入林周县；三是撤销林芝专区，将林芝、米林、墨脱、工布江达四县划归拉萨市。从1964年7月起，拉萨市共辖11个县1个区。1965年，西藏自治区正式成立，拉萨市为自治区首府，同年8月，拉萨市人民政府更名为拉萨市人民委员会，辖上述12个县（区）人民委员会。

1986年，经国务院批准，林芝地区恢复建制，林芝、米林、墨脱、工布江达四县重新归入林芝地区。目前，拉萨市辖堆龙德庆县、尼木县、曲水县、林周县、达孜县、墨竹工卡县、当雄县和城关区7县1区。

人口概况

近十年来，拉萨经济的快速发展、社会保障体系的不断完善、医疗卫生服务水平的不断提高、人民生活条件的不断改善，加上与内地各地之间联系更加紧密，加速了社会人口流动，使各民族人口均呈现增长趋势，人均受教育程度不断提高，人口文化层次不断提升。

截至 2010 年 11 月 1 日，全市常住人口为 559423 人，与
2000 年 11 月 1 日零时第五次全国人口普查数据的 474499 人相
比，十年共增加 84924 人，增长 17.90%。全市常住人口中，
具有大学（指大专及以上）文化程度的人口为 68917 人；具
有高中（含中专）文化程度的人口为 49323 人；具有初中文
化程度的人口为 109948 人；具有小学文化程度的人口为
190794 人（以上各种受教育程度的人包括各类学校的毕业生、
肄业生和在校生）。同 2000 年第五次全国人口普查数据相比，
每 10 万人中具有大学文化程度的由 3884 人上升为 12319 人，
具有高中（含中专）文化程度的由 8595 人上升为 8817 人，具
有初中文化程度的由 14302 人上升为 19654 人，具有小学文化
程度的由 37233 人下降为 34105 人。

文化资源

千百年来，勤劳智慧的藏、汉、回等各族人民在拉萨这片
美丽的土地上，创造了灿烂的文化，积淀了丰厚的文明成果，
是中华文明的重要组成部分。

文学史学 藏民族有着悠久的历史积淀和深厚的口承文学
传统，有大量的典籍文献、民间故事、歌谣谚语以及《格萨
尔》说唱艺术。9 世纪 40 年代至 13 世纪 50 年代，《玛尼全
集》《五部遗教》《格萨尔王传》等相继面世，还有大量的佛
教经典被翻译成藏文，出现了《米拉日巴道歌》《萨迦格言》
等诗集。13 世纪中期至 17 世纪 40 年代，印度著作《诗镜》
被翻译成藏文，同时形成藏文"年阿体"诗歌，使文学创作
发生了巨大变化。历史著作《西藏王统记》《青史》《智者喜

宴》《新红史》先后问世。17世纪50年代至20世纪40年代，文学内容进一步丰富，产生了《仓央嘉措情歌》和《候鸟的故事》等情趣浓郁、写作精湛的传世杰作。民主改革后，拉萨文学事业发展进入高峰期，产生了一批精品力作，如《松耳石头饰》《西藏，系在皮绳结上的魂》等，培养了扎西达娃、马原、马丽华等一批优秀作家。

歌舞和戏剧曲艺　拉萨的歌舞形式主要有果谐、堆谐、朗玛谐以及吸收汉族、蒙古族、维吾尔族等各民族的歌舞形式。拉萨的传统藏戏历史悠久，有《诺桑王子》《文成公主和赤尊公主传》《苏吉尼玛》等八大藏戏名剧。现在，藏戏已从单一的广场戏发展成为运用现代舞台艺术、灯光、音响、乐队伴奏的综合性舞台艺术。

美术绘画精品　传统绘画主要有壁画、唐卡、雕塑、玛尼石刻以及藏文书法作品。大昭寺中7世纪的壁画历经修缮，仍清晰可辨，风貌犹存。五世达赖喇嘛重建布达拉宫时，创造了布达拉宫壁画的辉煌，对后世壁画影响深远。罗布林卡壁画中政教史连环画多达301幅，从藏族族源神话一直到历届达赖喇嘛业绩。拉萨壁画艺术除了运用于宫廷、寺庙、府第、民宅以及驿站的墙壁上，还散见于一些岩石上，如堆龙德庆县聂当大佛壁画。唐卡是藏族特有的绘画形式，历史上形成了勉唐、钦则等几大画派。拉萨的雕塑以玛尼石刻最具特色，拉萨市区药王山南坡石壁上的彩绘浮雕是拉萨著名的旅游景点之一。尼木县的"藏香、藏纸与雕刻"合称"尼木三绝"，也颇具盛名。

文化遗产　拉萨拥有世界文化遗产布达拉宫、大昭寺、罗布林卡等；三大名寺哲蚌寺、甘丹寺、色拉寺；首批"中国十大历史文化名街"之一八廓街。拉萨成功申报了以雪顿节、堆龙觉木隆藏戏为代表的 16 项国家级非物质文化遗产以及以拉萨朗玛、吞巴藏香制作技艺、当雄"当吉仁"赛马会等为代表的 25 项自治区级非物质文化遗产。拉萨的非物质文化遗产项目多，涉及面广，内容丰富，截至 2011 年年底，有国家级项目 19 个，自治区级项目 42 个，拉萨市级项目 63 个；国家级传承人 13 人，自治区级传承人 23 人，拉萨市传承人 63 人。

经济社会

西藏和平解放特别是改革开放以来，在区市党委、政府的坚强领导和内地有关省区的无私援助下，拉萨市各族人民坚持借外力、使内力、用合力；抓发展、保稳定、促和谐；护生态、兴文化、惠民生，创造了短短几十年跨越上千年的人间奇迹。

2012 年，拉萨实现地区生产总值 260.04 亿元，比 2011 年增长 12.2%；财政一般预算收入 34.36 亿元，增长 46.6%；城镇居民人均可支配收入 19545 元，增长 10.7%；农牧民人均纯收入 7082.2 元，增长 17.7%；城镇登记失业率控制在 2% 以内。

传统农牧业加快向现代农牧业转变，现代工业发展迅速，形成了以优势矿产业、绿色食品业、藏医药业、民族手工业、新型建材业为支撑的特色工业体系。以旅游业为龙头的第三产业发展势头强劲。

城市建设水平不断提高，"东延西扩南跨、一城两岸三区、一疏散两引导三集中"的城市发展战略得到全面实施。城市道路、供水、供电等基础公益设施日臻完善，城区面积达到62.88平方千米，六横十五纵的道路框架基本形成。首座污水处理厂建成投产，布达拉宫广场、柳梧大桥、瑞吉度假酒店等一批地标性建筑拔地而起，西藏会展中心、拉萨河景观工程等重大城市基础设施建设工程全面启动，城市供暖首期工程于2013年年底建成并投入使用。拉萨经济社会得到全面跨越式发展，经济总量和综合实力持续、快速提升，产业结构明显优化，人民生产生活条件明显改善，社会保障体系不断完善，科技文化教育医疗等社会各项事业全面发展，城市面貌发生了翻天覆地的变化。

二 历史沿革

据考古发现，在四五千年前，今天的拉萨地区已有人类活动的踪迹。公元 7 世纪，一个边地王朝建立并迁址拉萨河谷一带，随之，一座美丽的城市兴建起来，发展并沿革上千年。拉萨作为青藏高原上的一座古城，伴随祖国与西藏地方的历史脉络兴起、发展、衰落与新生，艰辛坎坷，几度变迁，终于在社会主义祖国大家庭中迈向了现代文明。历史逝去，古城兴衰回荡于昔日时空。未来昭示，古城新生屹立于世界之巅。

1 历史起源

史前文明

1984 年，西藏自治区文管会文物普查队在拉萨市文物普查过程中，在拉萨市北郊 5 公里的曲贡村北面的山坡下端发现大量石器、骨器、陶器，其加工较粗，但器形规整，种类较多，特别是骨针最为精美，形状与现代金属针基本一致。

曲贡遗址是拉萨首次发现的新石器时代文化遗址，也是继昌都卡若遗址以后，西藏境内第二个经过严格的科学调查和试掘的新石器遗址。遗址虽已遭严重破坏，试掘的面积很小，未发现房屋，但从发现的窖穴、灰坑和文化层的堆积厚度来看，这里曾经是原始人长期生产和生活的定居点。从遗址中采集出土的双肩石铲和石磨盘说明这里已有农业生产；大量的网坠、

研磨器（新石器时代晚期，拉萨曲贡遗址出土）

骨镞和灰坑中出土的许多兽骨说明那时已有渔猎劳动。遗址证
明，拉萨的先民们早在四五千年前就学会了经营畜牧业、农业
和渔业，开始在此地定居生活，广泛使用磨制石器，发明了制
石、制陶、制骨等技术。

建立政权

公元 5～6 世纪，藏族有了新的发展，在雅砻河流域，已
经发展成为一支实力强盛的地方势力。拉萨河名"吉曲"，现
在拉萨的所在地则被人们称为"吉雪沃塘"，意为"吉曲河下
游的肥沃坝子"。在拉萨河流域的澎波、墨竹工卡、达孜、拉
萨、堆龙德庆、曲水一带各部落的生产也有了很大发展。

在拉萨河流域墨竹工卡的止贡一带有一支强大的地方势
力，其首领名叫达甲沃。另外，在拉萨北部的澎波，也有一支
地方势力，其首领名叫赤邦松。由于达甲沃横行霸道，拒纳善
言，远离忠诚之士，听信谗言，亲近奸狡之辈沃素，对属民暴
虐残苛，不得人心，许多臣民愤怒逃离了达甲沃，投奔了赤邦
松。后来赤邦松消灭了达甲沃，吞并其领地。以赤邦松为首的
地方势力逐渐雄踞整个拉萨河流域。反对赤邦松的娘、韦、嫩
三氏的男性成员，不服赤邦松的统治，暗中结盟，娘、韦、嫩
三氏潜入雅隆青瓦达孜宫，同实力强盛的达布聂赛共同盟誓，
决定同心协力征服赤邦松。但是"尚未发兵之际，悉补野之
赞普达布升退"，于是征服赤邦松统一西藏的重任落在达布聂
赛的儿子朗日松赞的肩上。

朗日松赞（《新唐书》作论赞索）是吐蕃王朝的奠基者。
他年富力强、思想敏锐、励精图治、发愤图强且有雄心壮志，

比他的父亲达布聂赛要更胜一筹。这时，他又和赤邦松的反叛者娘、韦、嫩、次绷等家族首领一起进一步研究，拟订征服赤邦松的完整计划。当时，参与者都发誓坚决服从朗日松赞的指令，英勇献身、决不背叛。后来，朗日松赞率精兵万余人，群策群力，攻无不克，战无不胜，一举攻下了赤邦松盘踞的堡塞。赤邦松本人突出重围，逃往西藏北部。朗日松赞调兵遣将，乘胜扩大战果，将山南一带的兵力迅速向北推进到拉萨河流域。原属赤邦松管辖的吉曲（拉萨河）流域的曲水、堆龙德庆、拉萨、达孜、墨竹工卡、澎波等地区被他征服。朗日松赞向战功卓著的君臣赏赐了土地和奴隶，大力扶持了娘氏、韦氏、嫩氏、次绷氏四大家族，从此，奴隶制王朝的雏形形成。而后，他又发动地方势力先后占领苏毗、工布、达布、娘布以及许多小邦。大臣们赞扬他"政比天高，权比山重"。

公元7世纪初，朗日松赞开始打通了唐蕃古道，与唐朝建立了友好来往关系，祖国内地的医学、历算和先进生产技术源源不断地传入吐蕃。

随着吐蕃军事的强盛和领土扩张的发展态势，朗日松赞把吐蕃的军政权力中心从雅隆移至吉曲河畔的墨竹工卡一带，拉萨吉曲流域已成为整个西藏高原的中心。然而，统治阶级内部的斗争越演越烈，帮派体系越来越复杂，朗日松赞被他的大臣用毒药毒死，贵族势力和一些属部纷纷叛离。于是，平息内乱、巩固政权、统一吐蕃、迁址拉萨等许多重任，落在了刚满13岁的王子松赞干布身上。正如《敦煌藏文历史文书》所载："松赞干布期间，父王臣心怀怨怒，母后臣民叛离。外戚象雄、苏毗、聂氏达布、工布、娘布皆公开叛变，父王朗日松赞被进毒致死。"在此危急存亡的关键时刻，雄才大略、智慧超人的松赞干布，开始了他创造显赫业绩的政治生涯，与此同时他揭开了古代拉萨历史发展的新篇章。

2 古城兴建

迁址拉萨

唐贞观七年（633），松赞干布带着吐蕃王室贵族和臣僚及众多的兵将战骑，从拉萨河上游甲马米久林迁往拉萨河中游"吉雪沃塘"——拉萨。松赞干布迁址拉萨，主要原因是当地优越的自然资源和社会条件。拉萨位于雅鲁藏布江中游，平原广阔，土地肥沃，气候温和，雨水充足，宜于农牧业，自然资源十分丰富；四面环山，一水中流，形成天然屏障，"万岭回环，宛如城郭"，是易守难攻的战略要地。另外，这里交通方便，水路陆路畅通无阻，有利于控制周边地区并使其与拉萨进行经济交流。尤其是该地区原是苏毗的主要根据地，包括吐蕃在内的各部首领和名门望族都聚集在此，所以这里成为青藏高原的政治中心雏形，也是西藏古代社会的政治、经济、宗教、文化、交通中心。吐蕃政权建立后在拉萨有过四次较大规模的土木建设。

第一次是松赞干布迁址后，组织民众在拉萨兴建宫殿、寺庙、民房，修路和改造河道等。根据《西藏王统记》等史书记载，松赞干布在拉萨河谷平原中心崛起的峰峦"红山"上建造举世瞩目的布达拉宫,当时的布达拉宫虽比不上现在的规模,但那华丽高贵的王宫轰动了诸侯各国,他们都派使臣前往拉萨,作词道贺、馈送礼物、致书通好。贞观八年(634),松赞干布和尼泊尔公主联姻后,在布达拉山上修建了规模更大的主体建筑和城墙。《柱间史》和《智者喜宴》等书中有这样一段记述:"在红山那里,筑起三道围城,然后,在围城当中,修起了堡垒式的宫殿九百九十九间,又在红山顶上修起一座来凑足千座之数。这些宫殿都装饰以金铃、拂尘、珍珠网鬘、璎珞等物,显得十分壮丽,可与天宫相媲美。藏王和王妃的宫殿之间,是以银桥和铜桥连接在一起。宫殿的基地上竖有一千支尖锐锋利的长枪,枪上系着随风飘动的美丽长幡,四面又有能收集一切财物资具的四门,各门之上是以穹隆的屋顶来美饰。外面利用低洼坑道作为跑马场,深二尺,宽十八尺,长三百尺。在坑道上面排列着木板,板上铺着厚砖。这样做的作用是,马飞驰就有万马奔腾之声。"后来,因雷电火灾和战火袭击,原先的建筑几乎荡然无存,只留下曲结竹普(法王洞)和帕巴拉康(超凡佛殿)。

第二次是松赞干布在布达拉宫南侧扎拉鲁普为尼泊尔王妃修建了扎西谢也拉康。拉康既是佛殿又是宫殿,高九层,造型瑰丽,风格奇特,华丽高贵,巍峨壮观,为7世纪初的拉萨增添了新的光彩。

第三次是修建位于拉萨北郊9公里处的帕邦卡。松赞干布曾在此修行,并建宫殿居住,巨石下的山洞内有松赞干布的宝座。当时所建宫殿高九层,以砖块砌筑,用铁水灌缝,建筑四周有四根铁链固定。这不仅是松赞干布修行的场所，而且也是一个重要的政治、文化和社交活动场所。据《帕邦卡志》载，松赞干布曾在这里接待外来使者，谈论大事。吞弥·桑布扎从印度留学归来后，就在这里向藏王献词。

帕邦卡——藏文发祥地

第四次是修建大昭寺和小昭寺以及镇魔各寺等。641 年，松赞干布和文成公主联姻后，为拉萨古城的繁荣与昌盛增添了新的光彩。于是，拉萨不但成为藏汉两个民族政治、经济、宗教、文化和军事交往的边陲重镇，还是青藏高原少数民族聚集的主要首府城市。松赞干布为尼泊尔王妃赤尊修建大昭寺时，文成公主带领大唐建造师选择寺址，精心设计，倾力打造，圆满完成了具有藏汉两个民族艺术特色的建筑。当时人们称大昭寺为"惹萨"，"惹"藏语意为"山羊"，"萨"藏语意为"土"。"惹萨"藏语意为"山羊驮土"。当时汉文把"惹萨"

音译为"逻娑""逻些",故古汉文史籍称"逻娑""逻些",于是人们把"惹萨"之名献给大昭寺和拉萨古城。

松赞干布迁址拉萨后稳定内部,巩固王权;设官授职,组编军队;创法立制、刑赏分明;友谊联姻,促进团结;改创文字,繁荣文化;建寺筑宫,改道修路,新建民房;统一度量衡,以便利商业等。这些不仅促进了吐蕃社会的发展,而且也推进了逻些(拉萨)城的兴起和发展。

城市发展

吐蕃政权中期,拉萨处于发展中。永徽元年(650),松赞干布卒于拉萨以北彭城斯莫岗,其孙芒松芒赞(650~676年在位)继位。赞普年幼,大相禄东赞专掌国政,继承松赞的遗业,拉萨仍作首府,对吐蕃的强盛起到了推动作用。芒松芒赞掌管朝政时期,闻知唐兵接近拉萨,疑夺释迦牟尼铜像,便将唐文成公主所携之释迦牟尼佛像从小昭寺迁出,封闭于大昭寺的南厢密室中,并用泥把门封起来。在泥封的壁上还画了一尊文殊菩萨像。

芒松芒赞死后其子堆松芒波杰(676~704年在位)继位。《智者喜宴》等藏文史书载"堆松芒波杰继王位后,在拉萨为祖先祭祀,崇信王室"。据说堆松芒波杰时期,逻些等地出现了7位有名的大力士。堆松芒波杰死后,其子赤德祖赞为了弘扬佛法,在拉萨和雅砻一带修建了不少寺庙,也翻译了一些佛教经典,还派人到冈底斯带回5部大乘佛教的经典。

景龙四年(710),赤德祖赞从唐朝迎娶金城公主。这是汉藏友好关系史上的又一重大喜事。拉萨是他们举行婚礼和共同创业之地。金城公主入藏时携带了无数嫁妆，其中包括各种工艺书籍、佛教经典、宫廷所用的各种器具，马车载运，络绎不绝。金城公主把被封藏在大昭寺的文成公主带到吐蕃的释迦牟尼佛像取出，安置回大昭寺，并安排僧人管理一些宗教仪式，供奉佛像。天宝元年（742），王子赤松德赞诞生。当时藏王王妃朗廊也说自己身怀有孕，便声称赤松德赞是其所生，此事惹怒了金城公主，她派人斩断拉萨的一条龙脉。那条龙脉就是拉萨平原中心的三座小山。当时，药王山被看成是要飞起来的一头雄狮，而红山则被看成是一只猛虎，虎尾巴和狮尾巴连在一起。她派人挖断两山之间的联结处。过了不久，王子"能步喜宴"时，认出生母金城公主，公主无比激动。后来公主派人在红山上又修了一座塔，然后在药王山那座塔和红山上新修的塔之间拉上了一条铁索，意思是把龙脉接上。后来，人们又在被挖通的道口上修起一座白塔。17世纪，此白塔增加到五层楼高，塔的中间供奉观音菩萨像，还收藏许多典籍卷册。白塔像城门一样，人和马车都得从塔洞里穿行。它就像是拉萨古城的西大门，红山和药王山就像坚固的城墙。从这里步入拉萨，人们立即可以看到一处处庙宇上面灿烂夺目的金顶，就像藏文史书中记载的那样："进入西大门之后，眼前便是一片金光"。

赤德祖赞晚年，佛教和苯教斗争很激烈，赞普虽然抵制不了苯教徒驱逐西域僧人的行动，但他本人仍在暗中扶植佛教。他暗中派桑希等四人去汉地取经。他们四人从汉地取回大量经典佛经（《金光明经》《小乘戒律》等）和一些医学著作，返回时还请了著名的汉族和尚。但这时赤德祖赞已逝，拉萨的形势对佛教不利，于是他们把汉族和尚又送回汉地，并把取来的佛经藏到山南钦浦地方，等待有利时机再带回拉萨。

赤德祖赞去世后，其子赤松德赞（754～797年在位）即位。当时赤松德赞年幼，吐蕃王朝的大权基本上掌握在信奉苯教的贵族大臣手中。他们欲把以拉萨为中心的佛教势力全部铲除，发布了禁佛命令。这就是藏族历史上的第一次"禁佛运动"。赤松德赞成年后，平定叛乱，禁苯兴佛，增设大臣，清查田亩户口，扩大领土，规定徭役地租，处理民事诉讼，清理不忠之臣，增定法律，新建桑耶寺，邀请莲花生、寂护两位大师翻译各种经典，剃度吐蕃弟子出家为僧，巩固政权，弘扬佛法，为吐蕃的强盛立下了伟大功绩。赤松德赞时期吐蕃社会的政教中心是雅鲁藏布江北岸一带，但他仍把拉萨当作重要的城镇。他曾几次来拉萨，对拉萨大昭寺进行了维修和扩建，在帕邦卡和扎叶巴等地建造了修道处。在他的倡导下，拉萨的扎叶巴出现了120个著名修道法师。在桑耶寺的碑文中，赤松德赞高度赞扬了拉萨的重要历史地位。耸立在布达拉宫前的"达扎路恭纪功碑"，是唐宝应二年至大历十年（763～775）赤松德赞专为自己的大将军达扎路恭所立的战功碑。这块纪功碑，对于研究西藏吐蕃社会的政治、经济、军事以及中华民族交往历史等都有十分宝贵的价值。

赤松德赞死后，其长子牟尼赞普（797～798年在位）继位。这位藏王在短暂的时间里实行了"三次平均财富"的措施。藏文史籍记载，牟尼赞普为了发展佛教，下令属下臣民向父王赤松德赞时期修建的一些寺院贡献布施。但是，臣民百姓供给寺院的布施存在悬殊，有的人贡献的是金银珠宝、绸缎缯綵和成群的牛羊；可有的人贡献的是旧衣破布。这让牟尼赞普认为人民对佛教的信念明显地存在不同。臣下告诉他，这并不是什么信念不同，而是贫富不均的缘故。牟尼赞普说："臣民百姓贫富悬殊不应如此之大。"于是他下令平均属民的财富，在一年当中就进行了三次，但过了不久，仍恢复原状。赞普对此大惑不解，法师及班智达们说，这不是什么别的原因，是属民之间贫富差异太大而造成的。其实，缩小贫富差距的最大障碍是地方贵族不甘心放弃所得利益，牟尼赞普也无法触动这些少数贵族的权势，只好用佛教的因果说来找出退路，以便维护当时的政权。

牟尼赞普去世后，其弟赤德松赞（798～815年在位）继位。赤德松赞是吐蕃王室第四十代赞普，他生于桑耶扎玛，但主要功绩在拉萨。他一生中大力发展佛教，巩固世俗王权统治，承继祖业并发扬光大，是吐蕃历史上有伟大建树的著名历史人物。这位著名赞普仍把拉萨作为整个吐蕃社会的首府，继承先辈藏王的意愿，把拉萨作为祖先祭祀圣地。

这位藏王敬供先王所修诸寺庙，修整了大昭寺，扩建了大昭寺的庭院。他还在拉萨西南郊修建了噶琼多吉英寺。关于兴建噶琼多吉英寺，在藏文史书中有这样一段动听的故事。赤德松赞幼年执政后说："我是藏王中最大的，我要修一座最大的寺庙，要有太阳那样大的寺庙。"他的导师告诉他说："太阳的面积有五十由旬，此间西藏的全境也容不下。"他说："那么修一座月亮那样大的。"导师又告诉他说:"也容不下。"他最后说:"那么修一座星星那样大的吧!"导师又对他说:"大星星有二俱卢舍,小星星的大小有一闻距。"于是他下令就照这样大的量度,在北方广大牧场中修一座寺庙,大臣们又告诉他说:"如果修在北方牧地,日久寺庙将趋荒废。"后来王臣达成一致意见,也就是在拉萨南郊的热马岗修建噶琼多吉英寺。赤德松赞为了佛教永固,与所属王臣设盟立誓并将誓文刻于碑上。

赤德松赞即位执政时,吐蕃政局不稳,大臣内部有各种矛盾和斗争。他亲政后不久,采纳了娘·定埃增桑波的建议,向各种势力集团举行君臣盟誓,旨在稳定内部。

赤德松赞对宗教文化的贡献主要表现在:组织人员翻译大量佛经,建立翻译理论,厘定文字。根据《丹珠尔》的《声明》(两卷)记载,赤德松赞晚年在拉萨西南吉曲河南岸,新修温江岛宫后,组织了一些著名的大学者和大译师,翻译了不少佛经,在拉萨掀起了翻译和学习佛经的新高潮。

兴衰并济

赤德松赞去世后,赤祖德赞(热巴巾,815~838年在位)继位。他与松赞干布、赤松德赞在藏文史籍中常被合称为"三大法王"。热巴巾时期,不仅佛法盛行,而且"按照天竺的标准规定了度量衡,每一个出家人由七户供养",那时,有些大臣和僧人等在大昭寺修建了许多佛殿,东有噶鲁和密鲁,南有噶瓦和噶瓦威,西有产康和产康它玛。元和十五年(820)前后,大昭寺的周围扩建了一些佛殿或僧院,但至今只剩下"旧密鲁",其余的已毁掉或改建了。热巴巾藏王对过去祖先诸王所建的寺庙,继续供养,并经常加以修缮。他又在拉萨河西南岸新建了一座九层大楼,叫乌香多寺,其下三层用石料,中三层用砖料,上三层用木料等建筑。每层的飞檐、殿门、墙沿石、半环璎珞等都修得十分美观庄严。其上三层,奉安佛像、佛经、佛塔等身、语、意三宝之所依;中三层,住着译师和班智达(大学者),他们在那里诵阅经论,勤行闻思并修禅定;下三层,藏王和大臣们在那里敞开所有法、财、欲、解脱四部的千百大门,从事使一切尊卑大众都浸润在那富饶安乐的甘霖中的事业。乌香多寺建成后,拉萨东南西北都有了九层大楼,故成为弘扬佛法和强大政权的所在地。

赤祖德赞是古代唐蕃关系史上影响最大的藏王之一。耸立在古城拉萨大昭寺前的唐蕃会盟碑,也叫甥舅和盟碑,是由唐蕃双方派遣大臣会盟,于唐穆宗长庆三年、吐蕃赞普赤德松赞彝泰九年(823)竖立,是汉藏两族友好团结的历史见证。碑文为"今社稷叶同如一,为此大和。然舅甥相好之义,善谊每须通传、彼此驿骑,一往一来,依循旧路,蕃汉并于将军谷交马,其绥戎栅已东,大唐只应;清水县以西,大蕃供应,须合舅甥亲近之礼,使其两界烟尘不扬,阗闻寇盗之名,复无惊恐之患,封人撤备,乡土俱安,如斯乐业之恩,垂于万代,称美之声,遍于日月所照矣……"①

---

① 《全唐文》卷988。参见《西藏地方是中国不可分割的一部分》第22页。

热巴巾去世后，达玛（838～842 年在位）继位。历史上达玛因灭佛遭人反对，人们称他为朗达玛，"朗"藏语是公牛的意思。达玛时期禁佛运动范围大、惨烈，重点在拉萨，主要采取停建、封闭佛寺，破坏寺庙设施、壁画，焚毁佛经，镇压佛教僧人等活动。

唐武宗会昌二年（842），达玛在拉萨大昭寺前被拉萨东郊扎耶巴地方修行秘咒的佛僧拉隆·白吉多杰射杀。达玛死后，其两个儿子欧松和永丹年龄都很小，吐蕃王朝的实权落入不同的贵族集团手中。永丹靠母亲琳氏家族的支持，以拉萨为根据地，自称赞普，欧松却被排挤到象雄地方。贵族集团一派操纵欧松，一派控制永丹，互相争夺赞普王位，各不相让，彼此为敌，长年交兵，使统治西藏地区两百多年的吐蕃王朝四分五裂，彻底崩溃，拉萨作为吐蕃王朝的首府也随之衰落。

割据纷扰

达玛被刺后王室的分裂标志着西藏分裂割据的开始，一直到南宋淳祐七年（1247），即成吉思汗的孙子阔端授予萨迦班智达统治卫藏十三万户前。这一时期出现了许多大小头目，他们经常为了自己的利益互相结盟或打仗，各属都相继叛离，为大规模的奴隶平民大起义创造了十分有利的条件。唐大中十一年（857），起义军很快就聚集在一起，起义范围迅速扩大。咸通十年（869），以拉萨为中心的卫藏地区，有两个大奴隶主——卢氏和巴氏，他们分别代表利益不同的两个集团，展开了旷日持久的战争。据《宋史·吐蕃传》记载："其国自衰弱，种族分散，大者数千家，小者百十家，无复统一矣。"大小战争连绵不绝，百姓备受灾难之苦，文物遭受破坏，拉萨悄然退出了政治舞台。

10世纪后，以拉萨为中心的西藏各地重修寺庙，培养弟子，弘扬佛法。鲁梅亲自维修并住进拉萨西南的噶穷拉康寺，其门徒尚那朗·多吉旺秋于北宋大中祥符五年（1012）在拉萨以北建立杰拉康寺，欧强秋久纳在拉萨以东兴建扎叶巴寺。北宋庆历五年（1045），卫藏各地方领袖人物经过共同商量，决定迎请出生于东印度的著名法师阿底峡前往拉萨。叶巴、彭域、聂唐、拉萨等地的数千名僧人向阿底峡学习佛法。北宋嘉祐二年（1057），阿底峡的著名门徒仲敦巴在拉萨河上游的热振地方建立了热振寺，噶当派就是以热振寺为基点逐步发展起来的。北宋熙宁六年（1073），俄·勒必希饶在拉萨以南建立了桑浦寺。该寺以提倡因明即佛教哲学、辩论而著名，在西藏佛教史上占有重要地位。南宋绍兴二十四年（1154），达布次称宁布在拉萨以西堆龙修建拉龙寺。

分裂割据后期，拉萨地区多次发生了鲁梅、巴、惹、征四集团间的战争。南宋绍兴三十年（1160），在拉萨、雅砻一带，四集团相互攻打了很久。连续不断的战争，不但给拉萨一带人民的生命财产和农牧业生产带来很大危害，而且将古代西藏人民勤劳智慧的结晶——大昭寺、小昭寺的部分寺院烧毁，造成严重损失。当时贡巴次称宁布在各集团间进行调解，修复了拉萨大小昭寺，并把寺庙移交给当时拉萨地区经济、军事实力强大的宗教人士公堂香喇嘛照管。南宋淳熙二年（1175），蔡巴·祥·尊追扎巴在拉萨东郊建立蔡巴寺，作为居住基地，遂形成蔡巴噶举教派。蔡巴·祥·尊追扎巴一生传教布道，受到藏传佛教界的敬重。人们将他与帕摩竹巴、宗喀巴并称为西藏的"三宝"。蔡巴噶举教派较为著名的人物蔡巴·贡噶多吉（1309~1364），系噶尔家族的后裔，出身于贵族家庭。他精心管理和修缮蔡巴寺、贡塘寺、大昭寺及布达拉宫，受到各教派广大僧众的尊敬。其中帕竹噶举发展成为八个小的派系，影响较大。

南宋开禧二年（1206），成吉思汗建立蒙古汗国，他很重视笼络卫藏地区的宗教势力。蒙军驻防拉萨以北的热振寺一带，了解西藏各地方势力和宗教派别的特点，向阔端建议，迎请萨班到凉州去，以便通过萨班的势力控制西藏。阔端采纳了多达纳波的建议，写信邀请萨班到凉州晤面。南宋淳祐四年（1244），萨班离开萨迦，先到拉萨同地方势力就归顺蒙古的有关事宜进行磋商；淳祐六年（1246）到达凉州，议定了西藏归顺蒙古的条件；淳祐七年（1247），萨班致蕃人书，劝告各僧俗地方势力归顺蒙古，促使这一历史时期从分裂走向统一。

3 建制沿革

建制管理

蒙古中统元年（1260），忽必烈封八思巴为国师，派遣以达门为首的官员到西藏，清查沿途各地的户口，设置驿站。在藏区共设置的27个驿站中，拉萨地区有4个驿站。蒙古至元五年（1268），忽必烈派阿贡和米林等人，进行了第一次人口清查，确定十三万户，并明确规定了萨迦是十三万户之首，由八思巴提名、皇帝批准任命的萨迦本钦管理十三万户。十三万户中有属拉萨地区的达龙、蔡巴、止贡、嘉玛四个万户。

1268 年，噶尔东赞后裔蔡巴桑结额朱获得蔡巴万户长职位后，统辖拉萨东城蔡巴地区政教大权。后来仁钦坚赞管理蔡巴事务时，赴内地元大都，得到皇帝所赐的诏书。该诏书名称是："薛禅（忽必烈）皇帝诏赐（蔡巴）管理拉萨河上下游的堆龙、查兑、琼波、杰缅、埃（拉甲日）、达波、聂地等地修缮寺院之民户诏书。"于是，蔡巴万户成为卫藏十三万户中最强盛的万户之一。萨迦政权时期，蔡巴万户长为拉萨的繁荣和发展做出了很大贡献，特别是得到元朝皇帝扶持的嘎德、默朗多杰、贡嘎多杰三父子。蔡巴大长官嘎德先后七次到元都亲谒元帝，继后又请来汉族的技术工人，扩建和修整了贡塘寺、蔡巴寺、大小昭寺等很多寺院、房舍，以及屋脊室顶、经殿等，都修得十分美观、庄严。他又新建了法轮寺，并在寺中创办了法相讲说院。他所做的这些善业，使元朝皇帝对他十分喜欢。

13 世纪初，西藏成为元朝中央政府直接治理下的一个行政区域。元朝皇帝设立了宣政院，直接管理西藏地区军政要务，并在拉萨成立了地方军政机构。西藏地方由乌斯藏纳里速古鲁孙等三路宣慰使司都元帅府管理，隶属于宣政院。宣慰使司还辖有管理民政的十三万户府、千户所等。同时，元朝在拉萨及西藏各地驻有军队，并由一位王子及其后裔率军驻守在西藏地区的东部边缘，逢西藏有事，就即刻入藏，以尽镇戍边疆的职责。

元朝中央政府派官员入藏，按照户口多寡、生产资源分布状况，设立大小驿站，并连成交通物流线，由拉萨通往都城大都（今北京）。

1268年、1287年、1334年，元朝中央政府派官员在拉萨进行了三次人口调查，确定各万户属下可支应差役的人口数，确定沿驿路各地必须供给的力驿、物资、运畜。

蔡巴万户长嘎德有二子。次子默朗多杰修建了拉萨的巴阁（即八廓街），建造了拉萨查拉鲁布神殿之汉式屋顶，在释迦牟尼和观音菩萨二佛像的头上建造了金顶，添加了佛的装饰和大塔宝顶《甘珠尔》佛经，以及修建光明神变寺的殿堂等，做了很多无上的善业。他还在拉杰哥瓦崩所建的拉萨河堤的基础上加固河堤，解除了拉萨河发生洪水的威胁。就在这期间，据传赞普的后裔阿里王牙孜王日乌棉派——智者顿巴仁多尔及管家阿族等，带去以18克（1克=28斤）为一驮，一共104驮的铜和五百两金子等，于元至大三年（1310）在殿顶楼新建金顶，剩余金铜在观世音顶楼新建一金顶，以后又由牙孜王布尼棉进行了扩建。

萨迦地方政权时期，蔡巴噶举教派一时称雄于拉萨一带，对拉萨的政治、经济、文化、宗教等各方面的繁荣昌盛和发展起到了重大的促进作用。蔡巴噶举教派不仅修建了蔡巴寺、贡塘寺，而且蔡巴噶举教派的创始人蔡巴·祥·尊追扎巴以及他的门徒和历代蔡巴万户长还曾长期有条不紊地管理大昭寺，并多次修缮。他们还动员和组织强大的力量疏通拉萨城水道、加固河坝、新建民房等。

14世纪初期，帕竹政教首领大司徒·降曲坚赞击败了萨迦地方政权，统一了卫藏地区，建立了帕竹地方政权。随后他们逐步兴建了日喀则宗、柳梧宗、贡嘎宗、穷结宗等十三大宗，拉萨市区属于柳梧宗。

洪武元年（1368），明太祖朱元璋建立了明朝。洪武五年（1372），明朝在西藏地方成立了"乌斯藏行都指挥使司"的行政管理机构。拉萨以其宗教发展史上的重要地位和强大的吸引力，仍为帕竹政权所高度重视。历任帕竹统治者都到拉萨朝佛、维修寺庙等。帕竹王朝第三代法王扎巴强曲对拉萨大昭寺等进行了一次大规模的修整。《大昭寺目录》等记载："乃东王责成柳梧朗喀桑布（吉雪宗本）和查噶瓦按照法王宗喀桑的要求去完成……从娘色曼的山上运来石头，把庭院和转经廊的地面换成石板；在天井里新安了十二根柱，并接上了十根柱子，还树立了廊柱十根，是柳梧宗受命完成的。"

明朝，洪武、永乐年间制定了"多封众建，尚用僧徒"的方针政策，洪武年间基本完成了对西藏地区行政机构的建置。这种利用宗教，大封藏族僧人为王的做法始于永乐年间，延续到宣德、景泰、成化、正德年间。

明朝授命西藏各首领（土司）管辖，还发金牌，规定各地区缴纳马匹，对交来的马匹以茶折价补偿，并对交马者厚予赏赐，有效促进了藏汉之间互惠互利的经济依存关系。拉萨不但经济、文化和社会空前繁荣发展，而且民族手工业也得到了相应发展。直至15世纪中叶，在明朝技术人员的协助下，拉萨各地区城堡、官邸、寺院、民宅等建筑广泛应用汉式"斗拱"技术，尤其是冶炼工艺大幅度提高，涌现出唐东杰布等著名建造师。同时，医药、历算也得到飞速发展，藏医巨著《四部医典》便是这一时期完成的。在艺术方面，以江孜地区为代表的绘画、雕塑，吸收了汉族工笔画的艺术特点，又融汇了尼泊尔、印度及克什米尔地区等外来文化元素，别具一格，达到了圆熟的艺术创作境界。

明朝时期，有两个人物与拉萨的发展密切关联。一个是著名藏传佛教格鲁派创始人宗喀巴大师，他于洪武六年（1373）从青海入藏。他对噶当教义基础上的显密宗进行改革，开创了格鲁派，受到明王朝中央政府的支持。在短短的时间内格鲁派以拉萨为中心在整个藏区迅速发展，最后占据绝对优势。另一个是唐东杰布，他在拉萨地区的墨竹、止贡、曲水等拉萨河上下游和雅鲁藏布江流域以演唱、歌舞剧等形式和化缘的方法来自筹资金修建了许多铁链吊桥，并在拉萨药王山上修建了药王庙，发明了能治内科百病之白丸和能治流行性瘟疫之红丸等，对藏医、藏药的发展起到了促进作用。唐东杰布还在拉萨大昭寺北街长期修行，后来人们为了纪念他，在此修建了四门塔，命名为"噶尼果希"。

永乐七年（1409），宗喀巴在拉萨举行了第一次大祈祷会，即传大诏，大祈愿法会。这个法会此后一直延续下来，每年藏历正月初四开始，连续三周，僧人们为众生平安与繁荣而祈祷，在此期间，佛教哲学僧人要举行辩论，僧众举行考试，合格者可获得佛学学位。这种法会成为一年中最大的节日，众多香客、几万僧人从西藏各地赶往拉萨参加这个节日。同年，宗喀巴在拉萨以东的旺古日山上创建了格鲁派的第一座寺院甘丹寺，后世规定其编制僧人为 3300 名。格鲁派从此在拉萨正式创立。永乐十四年（1416），宗喀巴的弟子降央曲吉乃在拉萨柳梧宗宗本南喀桑布的资助下兴建了哲蚌寺。后世规定其编制为 7700 人，后来超过了这个数字，因此该寺成为世界上最大的寺院。永乐十七年（1419），宗喀巴的弟子强钦曲杰释迦益西从内地回拉萨后，在施主柳梧宗宗本南喀桑布和其子南喀班觉两人的资助下，在拉萨北郊修建了色拉寺。甘丹寺、哲蚌寺、色拉寺被称为拉萨三大寺或格鲁派三大寺。其建筑规模宏大，金碧辉煌，在国内外颇负盛名，是拉萨地区最大的三座寺院。

明万历五年（1577），索南嘉措自拉萨启程，第二年到达青海与俺答汗会晤。俺答汗赠送索南嘉措"圣识一切瓦齐尔达喇达赖喇嘛"的尊号，索南嘉措也回赠俺答汗"咱克瓦尔第彻辰汗"的尊号。"达赖"是蒙古语"大海"的意思；"喇嘛"是藏语"上师"之意，这是"达赖喇嘛"称号的来源。后人就追认根敦主巴为第一世达赖喇嘛，根敦嘉措为第二世达赖喇嘛，索南嘉措则是第三世达赖喇嘛，达赖喇嘛在西藏历史上占有重要地位。

17 世纪初，第巴吉雪巴是当时拉萨地区的首领，是嘎尔家族及后来蔡巴家族的后裔。第巴吉雪巴在 15～17 世纪为拉萨地区建桥、修渡口、维修寺庙、加固河堤、改道水梁等。

清崇德七年（1642），蒙古厄鲁特部首领固始汗统治了全西藏，迎请五世达赖喇嘛到日喀则，将西藏地区的全部地方转给了达赖喇嘛。五世达赖喇嘛得到固始汗的扶持，在拉萨建立了甘丹颇章政权。在西藏各地方势力和教派掌握政权时期，首府都未能设在拉萨，而设在萨迦、乃东、日喀则等地。在几百年中，拉萨这个曾经盛极一时的首府，变得萧条冷落。

在清朝平定准噶尔部侵占西藏的同时，七世达赖喇嘛格桑嘉措从青海塔尔寺被护送到拉萨，于康熙五十九年（1720），在布达拉宫坐床。康熙六十年（1721），清朝决定废除第巴政权职位，在拉萨设立了四名噶伦。清朝为强化对西藏事务的有效管辖，雍正五年（1727）派遣内阁学士僧格、副都统马喇"往藏办事"，并"总理""藏内事务"，驻藏大臣制度由此诞生。拉萨设立了驻藏办事大臣衙门，由其直接监督地方政权。留驻藏清军两千人，归驻藏大臣指挥。驻藏大臣通常为两人，一人为办事大臣，一人为帮办大臣。一方面可以商议办事，另一方面可分别替换，始终保持有一个比较熟悉情况的大臣驻西藏。乾隆十六年（1751）因珠尔墨特之乱，清廷废除原封郡王、贝子办理藏事的制度，改由噶伦四人（三俗一僧）在驻藏大臣监督下办理西藏事务，在拉萨正式设立噶厦。

波澜起伏

五世达赖新建甘丹颇章政权后，首府建在拉萨。顺治二年（1645），命第巴索朗绕登主持修建布达拉宫。经三年多的时间，于顺治五年（1648）白宫建成，五世达赖便从哲蚌寺移居布达拉宫。据《卫藏通志》载："法王松赞干布好善信佛，在拉萨地方山上诵旺固尔经。取名布达拉……遂修布达拉宫……五世达赖掌管佛教，兼理民事，遂以原观音堂为中心，向东西建立了白宫，以后又由第巴·桑结嘉措在正中建筑了红宫及上下经殿房舍。"五世达赖还规定祈祷法会期间，拉萨市政权暂时交给哲蚌寺铁棒喇嘛掌管，并创设了农历正月十五晚的花灯展览、二十四日的跑马射箭等游艺节目。

顺治九年（1652），五世达赖喇嘛率领藏官侍众三千人从拉萨抵达北京觐见顺治皇帝，顺治帝在北京为达赖修建了黄寺，并封他为"西天大善自在佛所领天下释教普通瓦赤喇怛喇达赖喇嘛"。从此，达赖的称号和地位得到了清廷的正式确认。顺治十一年（1654），五世达赖返回拉萨后，在以拉萨地区为中心的各地新建许多格鲁派大寺，并规定甘丹寺为3300名僧人，色拉寺为5500名僧人，哲蚌寺为7700名僧人等，所有甘丹颇章政权统治地区的大小格鲁派寺庙，均有规定和限制，在规定僧数之内，由政府拨给各寺一定数目的田庄和农户，即寺产。

五世达赖对拉萨的历史文化发展起到了促进作用，尤其是对布达拉宫和大昭寺的改造、扩建以及拉萨城市布局发挥了重要作用。当时，拉萨民房迅速增多，围绕大昭寺一周八廓街已成为拉萨中心的主要交易场所。随着拉萨的发展，八廓街两旁陆续兴建起了商店、民居房，逐渐演变成后来的商业街，并不断扩建，拉萨市区的规模逐渐向四面扩展：西至琉璃桥、东至清真寺、南至日松贡布、北至米如寺，形成了拉萨旧城的原貌。

17世纪末至18世纪初，拉萨不仅吸引着祖国内地的汉、回等各族同胞，而且对邻国的不丹、尼泊尔、印度等国商人也有很大吸引力，他们长途跋涉，来到拉萨经商，使拉萨成为一个不小的国际市场。在拉萨经商的汉族、回族和外国商人中，不少人慢慢定居下来，他们对拉萨的发展发挥了一定作用。

　　从 18、19 世纪开始，西藏活佛转世制度开始盛行，每个大小活佛都设有自己的大小喇让。在拉萨规模宏大的喇让有丹吉林、功德林、策默林、策觉林。这四大林建筑规模宏大，各具特色，代表了西藏中古时期建筑艺术的发展水平，为拉萨的城市建设增添了新的光彩。

　　18 世纪中叶，第七世达赖喇嘛在驻藏大臣的帮助下开始在布达拉宫西面两公里处的一片荆棘、古柳和草塘地带修建罗布林卡。第八世达赖喇嘛又对罗布林卡进行扩建，使其成为历代达赖的夏宫。在藏族人民心目中，罗布林卡具有崇高的地位。布达拉宫后面的龙王潭是六世、七世、八世达赖先后进行维修的。这幽雅秀丽的风景区，现已成为现代化的大型公园。

　　道光二十年（1840）鸦片战争以后，清朝政府走向衰败，西方资本主义势力侵入中国，同时也逐步侵入西藏。拉萨作为西藏首府的特殊地位，肩负着反对外来侵略的重任。早在 18 世纪时，英国便蓄意对西藏进行侵略。19 世纪中后期，英国逐步控制了喜马拉雅山区诸国的同时，积极派遣特务分子以"游历""传教"为名，进入西藏地区进行侦察活动，并直接提出了"通商""划界"等无理要求。由于拉萨各界人士同藏族人民坚决反对，英国侵略者的上述阴谋才未能得逞。

　　光绪十六年（1890），在英国发动的第一次侵藏战争中，驻藏大臣升泰上奏清政府，和英国签订了《中英会议藏印条约》，拉萨愤怒的群众同三大寺僧对升泰签署条约的丧权辱国罪行给予严厉的谴责，并表示"无论如何，誓不遵依"。

光绪三十年（1904），英国发动第二次侵藏战争，武装进入拉萨。英国迫使西藏当局签订《拉萨条约》。拉萨三大寺僧众同藏族人民一道手持大刀、匕首，出没于拉萨城郊，与英人斗争。由于西藏人民的坚决反对，清朝政府拒绝在《拉萨条约》上签字。光绪三十二年（1906），清朝政府被迫与英国签订了《中英续订藏印条约》，将《拉萨条约》收作附件。

在英帝国主义疯狂侵略西藏的同时，沙皇俄国也把它的侵略魔爪伸向了西藏。沙俄间谍分子不仅打着"学术研究"的旗号多次潜入西藏地区，收集情报，掠夺文物，杀害藏族人民，还以宗教活动为名，极力挑拨西藏与清中央王朝的关系，散布亲俄思想，策动西藏上层分子背叛祖国，导演了一幕幕破坏我国统一的历史丑剧。

光绪三十二年（1906），张荫棠领副都统衔，以驻藏帮办大臣的身份进藏"查办藏事"。他向清朝中央参奏了驻藏大臣有泰等十余名满汉官员昏庸误国、贪污腐化的丑行，接着，采取若干革新措施，改组西藏地方行政机构，在拉萨设立督练等九局，但这些措施终因清朝的腐败和英帝国主义者的破坏而未能奏效。

宣统三年（1911），辛亥革命爆发，推翻了清朝统治，建立了民国政府，清朝驻藏大臣衙门撤销。西藏上层亲帝分子驱逐了清朝驻藏的官员和军队，接着，经过密谋策划，于1913年，公开打出了"西藏独立"的反动旗号。

1924年，第十三世达赖喇嘛在爱国力量的支持下，一举粉碎了由英国策动的以擦绒为首的亲帝集团的政变阴谋，取缔了英帝控制的警察局，停止了由英人担任教练的藏军训练，封闭了英人操纵的贵族学校，并拒绝了英国政府提出的派遣代表团再来拉萨的请求，沉重打击了帝国主义和西藏地方政府中的"亲英派"反动势力。

1933年，第十三世达赖喇嘛在拉萨圆寂。西藏地方政府依历史惯例上报中央政府。国民政府在南京为十三世达赖喇嘛举行追悼会，册封十三世达赖喇嘛为"护国弘化普慈圆觉大师"，并任命黄慕松为特使入藏致祭。第二年，热振呼图克图出任西藏地方摄政。1934年，拉萨设立蒙藏委员会驻藏办事处，西藏地方政府与中央政府之间的关系，进一步得到改善和加强。1940年，十四世达赖在布达拉宫坐床，蒙藏委员会委员长吴忠信前往拉萨主持坐床典礼。1941年，爱国的热振活佛被迫辞去摄政职务，西藏地方政府的大权从此落入亲帝势力手中。1943年，西藏地方当局在帝国主义的唆使下，突然在拉萨成立"外交局"，并通知国民党政府驻藏办事处：此后一切事务与该局接洽。1947年，西藏亲英势力制造"热振事件"，将爱国的热振活佛害死在狱中。色拉寺杰扎仓的数百名僧人，曾为营救热振，武装攻入拉萨，同藏军发生冲突，结果色拉寺僧人战败。

古城新生

1949年，中国国内形势发生根本性的变化，西藏地方当局的少数反动分子，在美英等帝国主义的操纵下，妄图阻挠西藏和平解放。1951年2月，依照中央人民政府提出的西藏地方政府应派出代表进行和谈的要求，西藏地方政府派出以阿沛·阿旺晋美为团长，凯墨·索南旺堆、土登丹达、土登来门、桑颇·丹增顿珠五人的谈判代表团。4月，代表团先后抵达北京。中央人民政府任命李维汉为团长，张经武、张国华、孙志远等为全权代表。5 月 23 日，中华人民共和国中央人民政府全权代表和西藏地方政府全权代表在中南海勤政殿正式签订《中央人民政府和西藏地方政府关于和平解放西藏办法的协议》（简称"十七条协议"）。由于"十七条协议"明确地

1951 年 5 月 23 日，中央人民政府和西藏地方政府签订了
《中央人民政府和西藏地方政府关于和平解放西藏
办法的协议》（即"十七条协议"）

规定了中央人民政府与西藏地方政府之间各个方面的关系准则，正确处理西藏内部历史遗留下的各主要问题，因而受到达赖喇嘛、多数僧俗官员及广大群众的拥护。10月26日，人民解放军到达拉萨，受到古城各界僧俗群众两万多人的夹道欢迎。从此，西藏彻底摆脱了帝国主义势力的控制，重新回到祖国的怀抱。

**1951年10月26日，西藏地方政府为人民解放军
举行了隆重的入城仪式，拉萨古城飘扬着
五星红旗，藏族同胞热烈欢迎人民解放军**

1952年2月，中国人民解放军西藏军区在拉萨正式成立，张国华任司令员，谭冠三为政委，阿沛·阿旺晋美为第一副司令员，朵噶·彭措饶杰为第二副司令员，昌炳桂为第三副司令员，范明、王其梅为副政委，李觉为参谋长。以十八军为主力的四路进藏部队，遵照党中央、毛主席"和平解放西藏"的指示，分别由四川、青海、新疆、云南四路挺进西藏，并胜利

完成了进军、筑路、建房、生产等各项任务。也是在那个艰苦岁月，我党我军培育了"特别能吃苦、特别能战斗、特别能忍耐、特别能团结、特别能奉献"的"老西藏精神"。在修建川藏公路时，3700名战士和民工牺牲，平均一公里就有一名以上英烈献身。

此后，中国人民银行拉萨办事处开业；西藏工委与西藏地方政府协商后创办了拉萨小学（即拉萨市第一小学），董事长为张国华，校长为达赖的副经师赤江·洛桑益西，副校长为陆一涵；西藏第一所现代医疗机构——拉萨人民医院（即后来的西藏自治区人民医院）在拉萨成立。

1951年10月31日，经中共中央批准，"中国共产党西藏地区拉萨工作委员会"（简称拉萨工委）正式成立，工委书记为林亮，委员为杨正凡、苏音；秘书长为徐爱民，副秘书长为杨孝彬；组织部部长为苏音；宣传部部长为王畋；公安局局长为杨正凡，副局长为宋子元。

拉萨解放后，一些文化机构相继建立。1953年初，"拉萨爱国青年文化联谊会"经张经武代表与达赖喇嘛协商共同批准成立，会员有460人。9月，拉萨有线广播站（西藏人民广播电台的前身）正式播音。1955年1月2日，新华书店西藏分店拉萨供应站（现在的拉萨市新华书店）正式开始营业。

因"十七条协议"规定维护西藏现行制度不变，拉萨依然由旧政府管理。1951年西藏和平解放前后，拉萨墨本管辖拉萨市区中心部分（林廓路以内）；雪巴列空管辖拉萨市郊洛麦溪、朗如溪、札什溪、折布林溪、蔡溪、蚌堆（仲堆）溪、列乌溪、南木杰岗溪、隆巴溪、札溪、昌谷溪、聂当溪、江溪、东嘎宗、南木吉才溪、曲隆溪、古崩堂溪、德庆宗18宗溪。1954年拉萨墨本管辖拉萨市；卫区总管管辖尼木门喀溪、曲水宗、羊八井郭巴、麻江郭巴、堆龙德庆宗、撒拉溪、朗塘溪、卡孜溪、林周宗、墨竹工卡宗、东嘎宗、德庆宗、达孜宗、蔡溪、列乌溪、南木杰岗溪、洛麦溪、协仲溪、札什溪、曲隆溪、折布林溪、南木溪、聂当溪、朗如溪、蚌堆溪、札溪、隆巴溪、昌谷溪28宗溪。

1959年3月10日，西藏地方政府上层反动集团在帝国主义和外国干涉者的纵容、支持下，公然分裂祖国、维护封建农奴制度，公开撕毁"十七条协议"，在拉萨发动全面武装叛乱。当天，拉萨"朗孜厦"在市民中对18~60岁的男子进行登记，蛊惑他们拿起刀枪反叛。噶厦从布达拉宫底层军械库中取出炮12门、机枪30挺，运往罗布林卡，为叛乱分子提供装备。16~17日，叛乱武装在罗布林卡连续向拉萨运输站开枪、开炮。17日晚，达赖及其随员逃离拉萨。同日，人民解放军西藏军区部队遵照党中央和中央军委的指示，在拉萨爱国僧俗和人民的积极协助下，对盘踞在拉萨市区的叛乱武装进行反击，经过两天多的战斗，彻底平息了拉萨市区的叛乱，共歼灭叛乱分子5300余人，其中击毙545人，伤、俘4800余人。

3月23日，经中共中央批准，中共拉萨市委成立。西藏工委常委、组织部长惠毅然兼任拉萨市委书记，何祖荫、宋子元任市委副书记。此后，迅速建立市委秘书处、组织部、宣传部、统战部、财经部。同时，中国人民解放军西藏军区颁发布告宣布：撤销拉萨"朗孜厦""雪勒空"和郊区及当雄等处所有一切反动政权组织；成立中国人民解放军西藏军区拉萨市军事管理委员会，接管拉萨地区政治、军事、民政等一切事宜。

为了城市正常运转，西藏贸易总公司拉萨门市部营业，西藏贸易总公司大昭寺粮油门市部开业，市民凭购粮证购买国家供应的粮油；拉萨市土特产门市部、废品收购门市部也相继开业；选举成立了工会筹备委员会；市委批准成立拉萨市工商管理处和拉萨市贸易公司。

1960 年设拉萨市，原属绛曲基巧的当雄、达木曲柯尔、白仓溪、达波错斯（色）、旁多溪划入拉萨市。将折布林溪、洛麦溪、朗如溪、蔡溪、曲隆溪、札什溪并入拉萨市区；将林周宗与旁多宗、撒拉溪、朗塘溪、卡孜溪合并设林周县（驻松盘）；将当雄与羊八井郭巴、宁中郭巴、纳木湖郭巴等合并设当雄县；将达孜宗与德庆宗、蚌堆溪合并设达孜县（驻德庆村）；将墨竹工卡宗设为墨竹工卡县（驻塔巴村）；将曲水宗与色溪、南木溪、协仲溪、聂当溪合并设曲水县（驻雪村）；将尼木门喀溪与麻江郭巴合并设尼木县（驻塔荣）；将堆龙德庆宗与列乌溪、东嘎宗合并设堆龙德庆县（驻朗嘎）。拉萨市共辖当雄（驻当曲卡）、尼木、曲水、堆龙德庆、达孜、林周、墨竹工卡 7 县。

三　史海钩沉

从青藏高原出现奴隶制政权开始至今，西藏漫漫悠久的历史、起伏交错、波澜壮阔，呈现出一幅绮丽的画卷。西藏在经历了吐蕃政权之后，逐渐与祖国的其他地区融为一体，成为统一的多民族国家的一部分，藏民族也逐渐走向中华民族的大家庭，成为其中的一个重要成员。拉萨在西藏历史的发展与变迁中是一个典型的缩影，许多的往事、许多的旧人早已沉没在西藏浩瀚的历史长河中。

在悠悠千年的史海中，沉积了难以计数的事件和人物，有的如白驹过隙，成为历史的过影，有的却成为彪炳史册的永恒。现就影响祖国、西藏和拉萨历史发展与变迁的十大事件和十个重要人物进行详述，以期勾画出拉萨与西藏、祖国关系的脉络。

1　重大事件

唐蕃联姻

历史上，唐蕃之间有两次联姻。贞观十五年（641）吐蕃

赞普松赞干布到柏海（今青海境内）迎娶唐太宗的宗室之女
文成公主。据藏文《吐蕃王朝世系明鉴》记载，文成公主进
藏时，向沿途藏族地区农牧民传授垦田种植、安设水磨、编制
草绳、制作甜食等技术。公主经过长途跋涉抵达拉萨后，她充
分施展才华，依据拉萨地貌特征因地制宜地大兴土木，兴建了
小昭寺，还从内地不断引进碾磨、纸墨等生产技术，以及农具
制造、纺织、制陶、冶金、建筑等应用技术。迄今，西藏群众
还能根据先辈的传述，讲述文成公主曾经教当地妇女纺织、刺
绣等动人的故事。随文成公主入蕃的使者中有许多工艺技术人
员，他们教当地百姓学习先进的种田方式，安置水磨，尤其是
瓷器制作、茶叶饮用等方式。文成公主入藏时带来了能治 404
种疾病的药品，100 种诊断和五观六行的医术。其中《汉公主
大医典》最为重要，囊括了汉地各种医学原理。这些对藏医
学的发展影响深远。永徽元年（650），松赞干布去世后，文
成公主继续在吐蕃生活了 30 年，专心致志地从事于唐蕃友好
发展事业，并将汉族的先进技术传到吐蕃，以拉萨为中心逐渐
向周边地区推广发展，尤其是她带来的诗文、农书、佛经、史
书、医典、历法等典籍的普及与弘扬，为促进吐蕃政治、经
济、文化快速发展，为升华藏汉人民的友好情感奠定了坚实的
基础。她带来的铜质镀金释迦牟尼佛像，经过藏式手工艺的二
次装饰点缀，已成为民族友好、共同发展的象征。

景龙四年（710），吐蕃赞普赤德祖赞迎娶唐朝宗室之女
金城公主。金城公主入藏时，带有各种工匠和乐伎、典章等，
后又代赞普向唐皇求得《毛诗》《礼记》《左传》等汉文典籍。

《旧唐书》记载，唐玄宗时期，吐蕃赞普曾上表："外甥是先皇帝舅宿亲，又蒙降金城公主，遂和同为一家，天下百姓，普皆安乐……"

唐蕃联姻促进了吐蕃地区政治、经济和文化的发展。吐蕃仿照唐朝皇帝的年号制定出自己的年号，如藏王赤代珠丹就在唐蕃会盟碑中使用了"彝泰七年"的年号。松赞干布参照唐朝各级官衔及其职权的分配方式，设置吐蕃王朝管司法事务的官员——整事大相，同时还效仿了唐朝的军事管理组织制度，为巩固吐蕃政权、完善制度和稳定社会起到了重要的推动作用。

唐蕃联姻加强了吐蕃与唐朝的联系。贞观二十三年（649），唐高宗即位，封松赞干布为"驸马都尉""西海郡王"，赐物2000段。松赞干布遣使奉书称："天子初即位，若臣下有不忠之心者，当勒兵以赴国除讨。"并献金银珠宝15种，请置唐太宗灵座之前。唐高宗嘉许，进封松赞干布为"王"，还为他刻了石像，和唐朝其他王公将相的石像一同列于太宗皇帝的陵墓旁。

长庆会盟

长庆元年（821），唐穆宗李恒登基，吐蕃赞普赤祖德赞先后两次派使臣向唐皇帝表示祝贺。随后，吐蕃派人到长安请盟，唐穆宗表示同意。同年十月，唐蕃会盟于长安西郊，双方谈判基本成功。吐蕃会盟专使为礼部尚书论讷罗，唐朝派丞相崔植、王播、杜元颖等17人与盟。长庆二年（822）五月，唐朝和盟专使、大理寺卿刘元鼎率领使团去吐蕃，与吐蕃以钵阐布·勃阑伽允丹为首的官员在逻些东郊会盟。会盟前，赤祖德赞接见并宴请刘元鼎等唐使。会盟由钵阐布升坛主盟，依惯例，与盟人员都要履行歃血的仪式，钵阐布因是僧人，不歃血，只饮郁金水为誓。会盟毕，吐蕃遣使随刘元鼎至长安，又派人到大夏川（今甘肃省大夏河）召集东道将领100多人宣读盟文，要求他们信守不渝。

长庆三年（823，吐蕃彝泰九年），唐朝和吐蕃分别在长安和逻些建碑，刻盟文及与盟人名于其上以纪其事（现只存唐蕃会盟碑一通，在今西藏自治区拉萨市大昭寺前，长安碑已不存在）。双方在盟文中重申"和同为一家"的舅甥亲谊，决心今后"社稷叶同如一"，"各守本境，互不侵扰"，"烟尘不扬"，"乡土俱安"，还规定了唐蕃双方人员往来路线和供应办法等具体事项。

朗达玛"灭佛"

朗达玛是吐蕃最后一位赞普，朗达玛"灭佛"是西藏佛教史上的第二次禁佛运动。朗达玛首先停建、封闭佛寺和破坏寺庙设施，把赤祖德赞时期已经开工修建的佛寺都停了工，桑耶寺、大昭寺等著名寺院神殿都被封闭，小昭寺被当作牛圈使用，凡是佛教活动的场所都遭到查禁。许多佛像从寺庙里取了出来，钉上钉子扔到河里。寺内的壁画被抹掉以后，又在上面画上僧人饮酒作乐的画。佛经遭到焚毁，大量佛经被烧掉，其中有少数佛经被僧人偷偷地埋入岩洞之中保存下来，这就是后来发掘出来的被称为《伏藏》的典籍。佛教僧人还遭到残酷镇压，只得另找出路。如赤德松赞的师僧娘·定埃增桑波和最早出家的"七觉士"中的个别人相继逃往印度，据说他们在半路仍被追杀而死。留在吐蕃的僧人被迫还俗或者弃佛归苯，并被强制做佛教绝对禁止的一些事，如带猎狗去打猎、拿苯教法器去参加苯教崇拜仪式等。朗达玛对佛、法、僧三宝的摧残，虽然时间不长，但对佛教的打击十分沉重。后人对朗达玛"灭佛"之事有不同的看法，尤其是佛教占据西藏的统治地位后，很多人抨击他，不赞成"灭佛"的人，把这位赞普称作"朗达玛"，意即牛魔达玛。

五世达赖喇嘛朝觐

顺治九年（1652，藏历水龙年）三月，五世达赖喇嘛率领西藏的僧俗官员及随从3000多人前往北京。当达赖喇嘛一行抵达青海时，顺治皇帝命内务府大臣协古达礼康前来迎接。达赖喇嘛抵达甘肃时，皇帝又赐给他金顶黄轿，达赖喇嘛乘坐该轿于十二月十六日（藏历）到达北京。据《五世达赖喇嘛自传》木刻版记载："皇帝对我格外施恩。我献上珊瑚、琥珀、兽皮千张等贡物。皇帝回赐物品十分丰厚。"

达赖喇嘛在京停留了两个月后，便上奏顺治帝："此地水土不服，身既病，从人亦病，请告归"。顺治帝答应他，并赏赐了丰厚的物品。达赖喇嘛抵达代噶后，顺治帝又派遣礼部尚书觉罗郎球和理藩院侍郎席达礼等，将皇帝册封达赖喇嘛的金册、金印（印文为"西天大善自在佛所领天下释教普通瓦赤喇怛喇达赖喇嘛之印"）送到代噶。在历代颁赐的金册、金印中，级别较高的就是顺治帝所赐的金册和大金印。据《五世达赖喇嘛自传》载："将皇上所赐金印中的汉文择要化简，仿制新印，以便于在长效土地文书上钤用。撰写新印赞诗，献给洛格肖日菩萨及欲界自在战胜天母。"可见，五世达赖喇嘛十分重视此事，并将金印作为他执掌西藏政权的主要标志而加以使用。

设置驻藏大臣

驻藏大臣是清代中央政府派驻西藏地方的行政长官。全称是"钦差驻藏办事大臣"，又称"钦命总理西藏事务大臣"。设正副各一员，副职为"帮办大臣"。

驻藏大臣于雍正五年（1727）设置，宣统三年（1911）结束。在这185年间，清廷派驻藏大臣计173人次：办事大臣90人次，实际为83人；帮办大臣83人次，实际为68人。合计扣除重任、复任、擢职者37人，清廷先后遣臣往藏136人，实际到任者114人。创建之初，驻藏大臣仅统领驻藏官兵，督导藏王颇罗鼐总管西藏事务。乾隆十六年（1751），根据策楞等所奏《西藏善后章程》（即"十三条"），西藏废除了王爵制，设立噶厦，任命四噶伦分权管理，在驻藏大臣与达赖喇嘛统驭下协办西藏事务。平定廓尔喀入侵后，清廷颁行的福康安所奏《钦定藏内善后章程》（即"二十九条"），对驻藏大臣的职权做了明确规定，增加了驻藏大臣的权力，提高了其地位。

从此，驻藏大臣代表中央政府会同达赖喇嘛监理西藏地方事务，诸如高级僧俗官员的任免，财政收支的稽查，地方军队的指挥，涉外事务的处理，司法、户口、差役等项政务的督察等，此外，还专门监督达赖喇嘛、班禅和其他活佛转世的金瓶掣签、拈定灵童、主持坐床典礼等事宜。

被称为"朵森格"的驻藏大臣衙门（拉萨大昭寺以西）

噶厦成立

噶厦为官署名，藏语音译，是西藏原地方政府的重要机构之一，是俗官系统的最高机构。"噶"是命令的意思，"厦"是房屋的意思，"噶厦"就是发号施令的地方。

清乾隆十六年（1751），经清代乾隆皇帝批准，西藏郡王制废除后建立了噶厦，其由四噶伦组成，三俗一僧。按照清朝规定"驻藏大臣总办阖藏事务……噶布伦以下番目及管事喇嘛分系属员。无论大小事务，俱禀明驻藏大臣核办"。一切重要事务，都由噶厦商议后呈驻藏大臣、达赖喇嘛或摄政核准执行。噶厦所属机构有仔康（审计处）及各个勒空（局）。

1959年3月28日国务院宣布解散噶厦，开始民主改革，这一天就是现在的"百万农奴解放纪念日"。

金瓶掣签

金瓶又称为"金奔巴"或"金本巴"（"奔巴"藏语为"宝瓶"之意）。金瓶掣签制度中特设两个金瓶，一个放在北京雍和宫，专供蒙古地区大活佛转世灵童掣签；遵乾隆皇帝之命，另一个置放在拉萨大昭寺，但实际掣签时，需将它移至布达拉宫的萨松朗杰殿的乾隆皇帝画像前，此金瓶专供西藏、青海等地大活佛的转世灵童掣签。凡蒙藏大活佛如章嘉、哲布尊丹巴、达赖、班禅等转世时，均须经金瓶掣签认定。

用金瓶掣签方式来认定藏传佛教顶级大活佛的转世灵童，是清王朝在乾隆五十七年（1792）正式设立的制度。自清朝以来，藏传佛教活佛、达赖和班禅的转世灵童需在中央代表监督下进行。历代经金瓶掣签认定的活佛有第十世、第十一世、第十二世达赖喇嘛和第八世、第九世班禅额尔德尼以及第五世、第六世、第七世、第八世哲布尊丹巴呼图克图。为使西藏长治久安，对外不受外来侵扰，对内治理有法可依，乾隆皇帝派使者与达赖、班禅的僧俗要员商议，制定"二十九条"，其中第一条就是立下金瓶掣签制度。该章程使清王朝治理西藏的制度更加完善，得到西藏上层人士的由衷拥护。

金瓶掣签制度建立后，首次启用金瓶掣签并得到认定的达赖是第九世达赖的转世灵童，即第十世达赖楚臣嘉措；用金瓶掣签首次认定的班禅是第七世班禅的转世灵童，即第八世班禅丹白旺秋。自清王朝至民国的200多年间，仅西藏一地，就有格鲁、噶举、宁玛三派的39个活佛转世系统，70

余名活佛通过金瓶掣签认定。新中国成立后，第一个用金瓶掣签认定的大活佛是第十世班禅的转世灵童，即第十一世班禅确吉杰布。

转世灵童掣签的金瓶

《拉萨条约》

《拉萨条约》是《中英会议藏印条约》续约之后，英国强迫中国订立的又一个不平等条约。1903 年,英军上校荣赫鹏率领的近万人武装使团从印度出发,经锡金由亚东进入西藏,一路进攻。1904 年 4 月 11 日到达江孜。第十三世达赖喇嘛下令西藏军民抵抗,江孜境内 16～60 岁的男丁被紧急征召抗英。当时,由于藏军武器装备很差,加之倾盆大雨和火药库被击中爆炸,7 月 7 日,宗山城堡保卫战中弹尽粮绝的藏军和僧俗民众不愿被俘,全部跳崖壮烈牺牲,8 月英军占领拉萨。今天,江孜宗山抗英遗址已成为首批全国重点文物保护单位。

抗英战争中,第十三世达赖喇嘛离开拉萨出走内地。9 月 7 日,荣赫鹏强迫西藏甘丹寺法座罗桑坚赞签订《拉萨条约》。该条约共 10 款,其中,主要内容如下。

除亚东外,增开江孜、噶大克为商埠,许英国分别派员监管商务。

赔款 250 万卢比,分 75 年缴清,赔款未缴清前,英军占领春丕。

自中国与哲孟雄(今印度锡金)边界至拉萨的防御工事一律拆除。

除经英国事先同意外,西藏土地不得让卖、租典于任何外国;西藏一切事务不准任何外国干涉;任何外国不准派员入藏;西藏的铁路、道路、电线、矿产或其他权利不得让于任何外国或其臣民;西藏各项进款或货物或现金不许抵押或让于任何外国或其臣民。

《拉萨条约》严重损害中国主权,清政府坚持不予批准,并要求修改条约。1906 年 4 月 27 日,清外务部侍郎唐绍仪与英国驻华公使萨道义签订《中英续订藏印条约》正约 6 款，主要内容为：双方承认将《拉萨条约》附入本约，作为附约；英国应允不占并藏境及不干涉西藏一切政治，中国应允不准其他外国干涉藏境及其一切内治等。

创办《西藏白话报》

光绪三十三年（1907），驻藏大臣联豫在拉萨创办了西藏第一份现代传媒报纸——《西藏白话报》。

联豫的办报思路为"渐开民智，莫善于办白话报。与其开导以唇舌，实难家喻而户晓，不如启发以俗话，自可默化于无形"。《西藏白话报》的办刊宗旨为"爱国尚武、开通民智"。《西藏白话报》的创办确立了西藏对国家的深厚归属感，塑造了强大的国民形象，在雪域高原掀起了近代文明的时尚，有效推动了西藏的现代化启蒙运动，为促进西藏政治、文化和社会环境的文明迈出了可喜可贺的一步。

《西藏白话报》属官方藏文报纸，旬刊，一年 30 期。主要刊登清朝中央以及四川、西藏的公牍，各省官报与中外报刊经典文章摘录，还有时政论述、中外要闻、反帝爱国评论。1912 年，清帝退位，民国成立，该报悄然停刊。

热振事件

热振事件是 20 世纪西藏上层亲帝分子在英帝国主义支持下残杀藏族反帝爱国人士的政治事件。20 世纪 20 年代，热振呼图克图主持兴建了第十三世达赖的夏宫——"金色"颇章和布达拉宫东面部分的建筑工程。1931 年，他在拉萨北郊 3 英里处扎齐主持修建了西藏历史上第一座扎齐电机厂，同时，在该年年底建立了一支由1000名富家子弟组成的近卫军"仲扎"代本，并开展了为期半年的特殊训练。他的精明才干，得到了第十三世达赖喇嘛的赏识与大力支持，这无疑触犯了达官显贵的利益，达官显贵因此对他怀恨在心。

1944年，热振呼图克图与达扎"三年还政"的君子协定期满，可达扎丝毫没有交权的意思。时逢色拉寺结扎仓大经堂维修竣工，热振呼图克图活佛利用参加经堂开光仪式的机会来到拉萨，满怀信心地与达扎会面，老谋深算的达扎只字不提践约归政之事。年轻的五世热振活佛再也忍不住了，他直言道："我现在已经结束了静修，承蒙您这三年代我辛劳，考虑到您年岁已高，继续主持政教事务有困难，特地赶来拉萨……"达扎却两手托腮，只是哼哼叽叽，装聋作哑，根本不提奉还摄政职位之事。热振活佛顿时气得浑身发抖，全部希望已落空，只好返回热振寺。

1945年5月，热振呼图克图当选为国民党第六届中央执行委员。次年，他又被选为国民大会代表。他秘密委托好友，即四川甘孜地区的国民大会代表加本仓·顿珠朗吉等人带信给中央陈述达扎投靠英国、破坏中央与西藏的关系等。而达扎深感要保住手中的权力，必须除掉热振活佛。1947年2月，英国驻拉萨的商务代表黎吉生避开噶厦政府所有官员私下拜见达扎，并告之："据可靠情报，热振活佛派遣的直霍尔和拉嘎尔在南京参加国民大会期间，他俩承认西藏是中国的领土，不搞独立，既请求国民党派兵入藏，还请求派飞机轰炸拉萨，以便扶持热振重新掌权。"达扎立即召集噶伦喇嘛然巴·图登贡

钦、索康·旺钦格勒、嘎雪·曲吉尼玛、拉鲁·次旺多吉等开
会，达扎向众人重复了黎吉生的情报，四大噶伦惊恐不已，遂
向噶厦驻南京办事处发密电，落实这条情报。此时，国民党正
忙于打内战，自顾不暇，根本无力出兵西藏。1947 年 4 月，
四大噶伦立刻召开秘密会议，索康·旺钦格勒说："目前的形
势是看谁动手快，应先将热振活佛迎请到拉萨来。"噶厦高层
会议结束后，索康·旺钦格勒、拉鲁·次旺多吉两位噶伦及藏
军总司令格桑楚臣率领扎齐代本团的 200 名藏军，连夜出发直
奔林周县的热振寺，次日上午到达，毫无戒备的热振活佛在他
的佛邸花园里赏花。两位噶伦谎称拉萨发生了重大事件，需要
他去说清问题。热振活佛已明白落入敌手，两位噶伦押着五世
热振活佛返回了拉萨。

　　噶厦派兵捉拿五世热振活佛的消息传开后，引起了拉萨色
拉寺喇嘛们的激愤，他们准备在进入拉萨的澎波果拉山口伏击
押解队伍，解救五世热振活佛。然而，达札一伙早有防备，他
们通知两位噶伦改道从象山口走，色拉寺的喇嘛们伏击救人的
计划完全落空。1947 年 4 月 18 日傍晚，五世热振活佛被关进
布达拉宫孜夏角监狱。色拉寺喇嘛为营救热振活佛手持大刀、
木棍准备劫狱，结果与包围色拉寺的藏军发生冲突，激战数昼
夜，因寡不敌众，营救行动以失败告终。

　　热振呼图克图被关押期间，噶厦专门成立了所谓的"特
别法庭"，数次提审热振，质问他为什么要亲近汉人。热振呼
图克图义正词严地反驳说："祖国内地和西藏地方在地理上、
宗教上都无法隔离。1904 年英帝分子荣赫鹏率军侵入拉萨后，

巨额的战争赔款一概由中央政府代付，倘非如此，英军岂能撤出西藏？至于说我暗害摄政王，这是强加给我的罪名，我根本不知道此事！"精神和肉体的双重折磨，使热振呼图克图忧愤交集，突然发病。据藏医钦热罗布的诊断，他患的不是太严重的中风病。热振呼图克图意识到自己的危险处境，于是向一些上层僧俗官员去信求救，但信件都落入达扎之手。5月7日黎明，热振呼图克图服下狱卒送来的药后，在痛苦中溘然长逝。此后，噶厦决定将热振寺属辖地全部收为政府所有，以后的热振转世只有承袭活佛之权，而没有承袭呼图克图之权。

热振活佛是一位主张祖国统一、汉藏团结的爱国人士。执政期间，他接受中央政府赐封的"辅国普化禅师"封号，并赞同中央政府在拉萨设立驻藏办事处，使中央与西藏地方关系加以密切。热振事件的根源是帝国主义分子阴谋分裂我国西藏，利用西藏上层的矛盾蓄意制造事端。

2 杰出人物

松赞干布

松赞干布是吐蕃时期著名的政治家，隋义宁元年（617），诞生于拉萨市墨竹工卡县甲玛乡。他3岁的时候，其父第32代藏王朗日松赞率兵灭掉了苏毗部落，统一了西藏高原，由一个山南地方的小邦首领一跃成为吐蕃各部的君主。朗日松赞很注重儿子的成长。松赞干布从小就受到了良好的启蒙教育和严格的训练，逐渐精通骑射、角力、击剑。他不但武艺出众，还擅长民歌、吟诗，成为文武双全的英俊威武王子。

唐贞观三年（629），松赞干布13岁时，统一的吐蕃王朝遭到沉重打击，国王朗日松赞被人毒死，同时，父王诸臣和母后诸族一起举兵叛变，工布、达波、娘波等地尽为叛乱者所据。西部的羊同部落乘势入侵，雅鲁藏布江北的苏毗旧贵族也图谋"复国"，这些势力纷纷向吐蕃进兵发难。松赞干布继承父位后征集了万余人，组成了一支精锐的队伍，肩负起吐蕃第33代赞普的重任，经过3年艰苦征战，平定内部叛乱，稳定局势，再次恢复了吐蕃统一大业。

贞观六年（632），松赞干布率部征战路过吉雪卧塘（拉萨），来到吉曲河（拉萨河）边的红山上。此时正是盛夏，天空湛蓝，万里无云，清澈的吉曲河滚滚而流，纵横交错的小河缓缓流淌在绿茵茵的吉雪卧塘，红山和药王山遥相呼应，十分壮观。松赞干布触景生情，决定迁址拉萨。贞观七年（633），吐蕃王朝迁址吉雪卧塘。红山上内三层外三层，耸立起新的宫殿。往日寂寞的吉曲河谷兴盛起来。

吐蕃迁址以后，松赞干布制定了一系列兼并周边诸羌的战略方针，旨在统一高原。他首先把进攻目标放在苏毗、羊同两个王国。苏毗，属于西羌族，两万户，地处吐蕃北部，散居在青海玉树等处，区域辽阔，农牧兼营，盛产良马。松赞干布父亲去世后，苏毗、羊同等也公开叛乱，趁机进攻吐蕃。松赞干布乃起用名将尚囊，采用"种羊领群之法，以舌剑唇枪服之"，松赞干布亲领兵丁反复征讨，终于灭其部众。这不仅消除了来自西部、北部方向的威胁，而且有利于吐蕃兵员、军粮和马匹的补充，大大加强了军队的战斗力，为吐蕃的发展提供了强大的物质保障。

平定内乱、征服诸羌、重新统一西藏后，松赞干布派遣使者赴邻国尼泊尔提亲，迎娶泥婆罗国王鸯输伐摩之女赤尊公主，并进行互相贸易，推销手工艺品，聘请工匠及艺人传授建筑、绘画、雕刻技艺。

贞观十五年（641），松赞干布25岁时，向唐朝请婚迎娶文成公主，与唐朝联姻。永徽元年（650），松赞干布去世。其死因众说纷纭：一说是由于赤尊公主感染了瘟疫后传染给了松赞干布，不久松赞干布便在彭城斯莫岗（位于今拉萨市林周县彭波农场附近）逝世；另一说松赞干布是被仇视佛教的苯教教徒暗杀。次年吐蕃以极为隆重的葬礼，在琼结的吐蕃历代赞普王陵之间为松赞干布建起了一座非常高大的坟墓，并称之为"木日木波"。由于其子贡日贡赞早逝，遂由其孙芒松芒赞嗣位，大相禄东赞摄政。松赞干布在位期间（629~650），平定吐蕃内乱，统一青藏高原，确立了吐蕃的政治、文化、军事、经济、法律等制度，从唐朝和天竺引入佛教、从唐朝引入科学技术以及历法，加强了与中原的经济、政治、文化交流，为建立汉藏两个民族的友好关系做出了突出贡献。

吞弥·桑布扎

吞弥·桑布扎是藏文的创造者，公元7世纪出生于隆子县境内（也有说是出身于尼木县吞弥家族中），是吐蕃贵族吞弥·阿奴的儿子。吐蕃统一青藏高原后，松赞干布派遣吞弥·桑布扎等数人，前往印度学习文字。部分人无法

适应印度炎热的气候而病死于他乡，另一些人则无法掌握
印度语言而被迫返回吐蕃。只有吞弥·桑布扎等几人渡过
难关，成功学会了印度语言和文字，又向班智达拉日巴僧
格学习声明学。

吞弥·桑布扎亲书的六字真言（现存帕邦卡）

吞弥·桑布扎学成回到吐蕃后，以梵文的 50 个字母为基
础样本，模仿克什米尔地区粟特人的文字，并结合藏语自身的
特点，制作出 30 个藏文基础字母，从梵文的 16 个元音中造出
4 个藏文元音字母，又参照梵文的兰扎字体和哇都字体，分别
创造了多种印刷体和手写体，他还翻译了在印度学习的大乘佛
教经典《观音经续二十一种》等经卷。由于需要翻译大量的
印度梵文经书，因此，他又参照梵文 34 个子音对藏文进行删
减补充，添加了数个梵文转写字母。根据《智者喜宴》的记

载，藏文典籍《声明论八部》为吞弥·桑布扎所著。

藏文新体系形成后，吞弥·桑布扎将其献给了吐蕃赞普松赞干布。松赞干布大喜，重赏了他并将其所创立的字体刻在了甫东坚果囊多寺旁的山崖之上。为带动藏人学习藏文，松赞干布拜吞弥·桑布扎为启蒙老师，在玛如宫刻苦学习藏文字母达四年之久。

吐蕃百姓极其尊重吞弥·桑布扎，尊称其为"吐蕃七位聪慧少年"中的第四位，松赞干布任命吞弥·桑布扎为译师。在吞弥·桑布扎的带动下，吐蕃从印度、尼泊尔、大唐请来了不少高僧，他们协助翻译了大量的佛教典籍。

宇妥·萨玛云丹贡布

宇妥·萨玛云丹贡布是吐蕃时期著名的医学家，唐开元十七年（729）出生在前藏堆龙吉那的医学世家。他的曾祖父洛哲希宁是藏王松赞干布的御医，祖父斋杰加嘎尔巴札是藏王贡日贡赞和芒松芒赞的御医，父亲宇妥·琼布乡杰是藏王堆松芒波杰的御医。

从3岁起，宇妥·萨玛云丹贡布在父膝前学习藏文写读，听讲医理，颖悟敏锐。5岁时，他随父受"甘露话学"和"药师佛修习法"等佛教密宗之开许仪轨。他还随其父亲和师兄格瓦冬吉奔走行医，学习医理，治愈了无数病人，被老百姓誉为"第二御医宇妥·萨玛云丹贡布"。

10岁时，吐蕃赞普梅阿迥得知他的名声，便派却伦·达若卡前往召唤应试。赞普父子命他与昌迪·杰涅卡普等西藏名医辩论，他皆获全胜，并得到赏识，敕为王子赤松德赞的御医。

宇妥·萨玛云丹贡布（塑像）

　　由于宇妥·萨玛云丹贡布博学而谦虚，高明而不耻下问，受到汉藏、印度等九位太医的一致推崇，被誉为"药师佛祖降临人间"。

　　45岁时，宇妥·萨玛云丹贡布以吐蕃医学为基础，博采大唐、印度和各方的医学精华，历经十年的日夜辛劳，撰成了名传千古的医学巨著《四部医典》。该书既总结前人经验，又吸收了其他民族的医学长处，使吐蕃医学达到了一个新的高度，为藏医药学发展成为一门理论与实践相结合的科学奠定了基础。

宇妥·萨玛云丹贡布毕生弘扬医道，其知名门徒有工布德杰等，享年125岁，于唐大中七年（853，藏历水鸡年）逝世。

释迦益西

释迦益西（1354～1435）是明代著名的三大法王之一，1354年（藏历第六饶迥阳木马年）出生于距拉萨约15里的蔡贡塘一个官宦人家。他是格鲁派创始人宗喀巴大师的高足弟子，是藏传佛教格鲁派兴起时期的重要人物。

释迦益西曾给宗喀巴当司膳，并拜宗喀巴为师。他精通佛法，知识渊博，深得大师器重，是宗喀巴大师的八大弟子之一。永乐十年（1412），明成祖派钦差来藏迎宗喀巴进京，大师因患病初愈不能成行，便派释迦益西作为代表进京。释迦益西到京后受到明成祖欢迎，并被封为"妙觉圆通慈慧普应辅国显教灌顶弘善西天佛子大国师"。

永乐十三年（1415），释迦益西辞归，成祖赐佛经、金银器、绮帛等礼物，并亲制赞词赐之。永乐十六年（1418），释迦益西遵照宗喀巴的指示，在拉萨北郊开始修建色拉寺。该寺建筑鳞次栉比、雄伟壮观，法定僧人5500人，最多时近万名，是格鲁派第二大寺。宣德九年（1434），释迦益西又一次进京，为宣宗做御用喇嘛。他给明宣宗讲经说典，还为他治愈疾

病，被封为"万行妙明真如上胜清净般若弘照普慧辅国显教
至善大慈法王西天正觉如来自在大圆通佛"，简称"大慈
法王"。

唐东杰布

唐东杰布（1385～1464）是明代著名的建筑师，藏戏的
开山鼻祖。藏民先民把他看作是创造藏戏的戏神和修建桥梁的
"祖师"，是藏族人民心目中智慧、力量的化身。

唐东杰布自幼家境贫穷，以牧羊为生，成年后当过兵，做
过生意，后削发为僧，法名尊珠桑布。由于他勤奋好学，刻苦
钻研，博学多思，后来他成为一名很有造诣的学者僧人，被众
人誉为唐东杰布（藏语意为"千里平原上的国王"）。他亲身
感受到西藏地域辽阔、山高水险，交通的极不发达给藏族人民
的生产、生活带来了极大不便。于是，他不畏辛劳，跋山涉
水，广泛地向民众讲明了搭桥的意图，赢得了许多人的信赖和
政府官员的支持。明宣德五年（1430），雅鲁藏布江上首次建
成曲水铁索吊桥。

唐东杰布为了募集更多的资金修桥、造船和铺路，邀请山
南琼结县白纳家的 7 名貌似天仙、能歌善舞的姊妹，共同组建
歌舞演唱队，他让姑娘们演唱自己创作的作品，并让她们身着
自己设计的各种款式服装随处表演。演戏化缘得来的钱作为专
用资金，用于调集设计师和冶炼工匠以及大量民工施工建桥。
他一生中共建造了 58 座铁索桥，人们亲切地称赞他为"铁桥
活佛"。

唐东杰布还将佛教跳神舞向藏剧演艺方向大胆改进。他把

佛教经典中的传记与民间传说、神话故事等内容有机融合在一起，创作出一种新型的将人物性格、故事情节、舞蹈、唱腔相结合的表演艺术，使过去单一的跳神舞逐渐向戏剧化的艺术意蕴方向升华，并从宗教仪式中分离出来，形成了藏剧艺术的雏形。因此，藏族人民把他尊称为藏戏的开山鼻祖。

天顺八年（1464），唐东杰布逝世，享年79岁。他一生为西藏交通、藏戏和藏药发展建立了不朽的功勋，人们用各种形式歌颂他、纪念他。至今在许多藏戏演出场地，看戏的观众首先要在唐东杰布的像前敬献哈达，以示谢恩。在他的故乡还保留一种传统民俗，每逢大家观看藏戏表演时，都要向戏班子献上羊毛和清油，委托他们在铁索桥上擦拭清油，以保养其永不生锈。

颇罗鼐

颇罗鼐（1689~1747），清代西藏贵族，西藏江孜人，本名索南多吉。康熙五十九年（1720）时为拉藏汗秘书的颇罗鼐配合阿里总管康济鼐出兵策应进藏清军，击退入侵的准噶尔军。清政府平乱后，以颇罗鼐为四噶伦（总理西藏政务官员）之一，任孜本（审计官），掌管财政。颇罗鼐执政期间，设置常备军，练兵设卡，整修驿站，发展贸易，合理摊派差役、赋税，尊重西藏各派喇嘛教，修复各派寺院。雍正八年（1730）他在拉萨主持雕印藏文大藏经《甘珠尔》（佛语部）、《丹珠尔》（论部）。乾隆四年（1739）颇罗鼐被封为郡王，他实行了安定西藏社会秩序，促进西藏政治、经济、文化发展的措施，使西藏"政教蕃盛，人物庶富，百姓安乐"，多次受到清政府嘉奖。尤其在社会动荡、矛盾复杂的政治斗争中，颇罗鼐始终如一地依靠清政府，凡事向大皇帝汇报，在反对地方分裂，坚决维护祖国统一方面做出了卓越的贡献。他具有强烈的爱国思想和民族忧患意识。

颇罗鼐为了及时恢复和发展生产，针对旧制中存在的弊端进行了改革。从改革的措施来看，政治上励精图治，顺应僧侣民众的心愿；社会矛盾得到缓和，民众负担有了减轻；体察民情，使民众得到了休养生息，正如传记所说："这正是解民倒悬，大家脸放光彩，如同明月"。

阿旺嘉措

阿旺嘉措（1894～1968），近现代反帝爱国主义者。清光绪二十年（1894），他出生于今四川甘孜州甘孜县绒坝岔区仁果乡燃灯村一户贫民家中。

1915年，阿旺嘉措赴拉萨修佛深造。他不仅专注学习佛教经典，还对藏族历史、文化、风土人情等很感兴趣，对政治时局变化也颇关心。19世纪70年代，一些帝国主义国家利用"传教""游历""探险"和"通商"等方式在藏区多次进行阴谋活动，横行肆虐，为所欲为，光绪十六年（1890）和光绪三十年（1904）两次侵略西藏，非法霸占我国领土，胁迫西藏地方政府签订非法不平等条约，妄图将西藏从祖国版图中分裂出去，成为帝国主义的附庸殖民地。

阿旺嘉措和热振活佛都有共同的反帝爱国思想。当亲英势力仇恨热振，造谣诽谤，妄图逼其下台，召开所谓的热振政绩优劣大会时，阿旺嘉措义正词严，历述了热振的功绩，公开表示"有色拉寺就有摄政热振";他还利用色拉寺堪布的声望,号召和带领僧众揭露亲英派的阴谋,反对他们的卖国行为。所以,亲英派把他视为"眼中钉""肉中刺"。

1940年年底,热振被迫让位于达扎。亲英势力再次抬头,他们明目张胆地进行背叛祖国、分裂西藏的罪恶活动。阿旺嘉措在积极支持热振复位、夺回西藏地方政府大权的同时,秘密地串联拉萨三大寺和其他寺庙之僧众,上陈摄政王的地方政府,强烈要求关闭英帝在拉萨开办的"英语学校",并指出英帝"办学"旨在进行文化渗透,为其培养亲英分裂主义势力。他号召大家如若进谏不被受,即联合起来捣毁该校,噶厦地方政府只好停办英语学校。由此引起了英帝及亲英势力对阿旺嘉措等人的仇恨,噶厦寻衅指斥色拉寺下属扎仓藏有大量武器,勒令限期上交,阿旺嘉措拒绝了他们的命令。

1945年春,西藏三大寺僧众参加的燃灯节和传召法会即将召开,达扎摄政与译仓密谋后,决定利用法会后众僧朝见达赖喇嘛之机,逮捕阿旺嘉措。他获悉此事后,立即化装逃跑。历经千辛万苦,他辗转昌都、甘孜,经康定、成都,于1946年2月抵达国民中央政府所在地重庆。他满怀信心,亲自觐见政府官员并上书中央政府,建议应该采取果断措施,最好以武力进驻西藏,驱逐帝国主义分子,根除亲帝势力,同时派遣精干人员去西藏学经,结合宗教教义宣传三民主义,并表示如果中央对西藏采取积极措施,拉萨三大寺可以全力相助。他提出上述建议的最终目的,就是要中央政府以武力支持热振复位,从而清除帝国主义在西藏的势力。然而,事与愿违,抗日战争胜利后，国民党反动派发动内战，根本无暇顾及边陲安危，不仅不采纳他的意见，反将他软禁于重庆歌乐山。阿旺嘉措仍然为祖国的前途、西藏的稳定而忧虑焦急，每隔一个月向政府写一封信，无数次的期盼，只能是石沉大海。

1949 年 12 月，成都和平解放。贺龙元帅接见了他，向他阐述了中国共产党的民族、宗教政策，以及人民解放军将进军西藏完成祖国统一大业的计划。阿旺嘉措深有感慨地说："像我这样处境危难的人，能够受到共产党高级将领的接见，是万万没有想到的事，我的心情非常激动。"1950 年 7 月，西康省藏族自治区筹委会成立，阿旺嘉措受命任副主任。同年 11 月，西康藏族自治区人民政府成立，阿旺嘉措当选为副主席，后改任甘孜州副州长，以后历任甘孜州中级人民法院院长、民族干部学校校长等职务，曾当选为全国人大代表、全国政协委员、全国人大常委会委员等。

根敦群培

根敦群培（1903～1951），1903 年（藏历三月二十三日）出生于青海热贡（现同仁县），是 20 世纪藏族史上的佛门奇僧、学术大师、启蒙思想家，是西藏人文主义先驱和藏传佛教世俗化的先驱，是朴素的唯物主义者和伟大的爱国主义者。

根敦群培曾在甘南拉卜楞寺学经，1928 年，到达拉萨。他以绘画谋生，由于天赋过人，不久他的画就在拉萨出了名，他在拉萨的生活也逐渐稳定下来。1929 年，根敦群培入哲蚌寺果莽扎仓，学习《释量论》《中论》等，先后完成了格鲁派 13 级课程中的 11 级。在哲蚌寺期间，根敦群培以雄辩著称，他时常对古人的著作提出让周围人不易回答的疑问。1934 年，印度学者罗睺罗到达拉萨，根敦群培接受了罗睺罗的邀请，他们对西藏寺院、梵藏经典进行了考察。

1934 年，根敦群培到达印度，住在大吉岭，努力学习梵文、英文等，曾被摩诃菩提学会派往锡兰学习巴利文等。虽然当时生活很穷困，但是他很刻苦，许多作品发表在《明镜》杂志上，包括《旅居印度的反思》《俗语嵌套诗》等，还出版了《印度诸圣地朝圣指南》，将《入行论》翻译成了英文，完成了《欲经》的创作。与罗列赫合作，将藏文史学名著《青史》翻译成英文。他还将《法句经》由巴利文译成藏文。在印度期间，他对中印边界的达旺地区（印度占领）进行考察绘图。他反对民族歧视，主张民族平等；揭露和抨击本民族的弊端，"哀其不幸，怒其不争"。他不仅与西藏的分裂势力作斗争，反对将祖国西藏分裂出去，而且还与英帝国主义作斗争，拒绝与英国在西藏的代理人黎吉生合作，并揭露其觊觎中国西藏的图谋。

根敦群培在西藏和印度的历史、语言、宗教、考古、地理、医学等领域都有很高的学术造诣，并有论著传世。他将人文史观运用于学术实践，对西藏地区和印度社会历史文化进行科学的考察和研究，冲破了佛教神学笼罩的传统藏学格局，开创了具有理性和科学色彩的现代藏学。他对现代藏学的突出贡献主要体现在人文史观的确立、科学研究方法的运用和文风的变革。他是藏族学术由神学史观—人文史观—唯物史观转变的承上启下的大师，他的藏族学术思想有力冲击了近千年的佛教神学史观，基本否定了传统藏学的指导思想和认识论，确立了以人文史观为指导的思想，此可称为传统藏族学术的一场革命。后代学者沿着他开辟的学术道路向前迈进，形成了"根敦群培学派"。

根敦群培在短暂的一生中，写下了许多不朽的诗篇，其中不少诗作已经散失，幸存的诗作主要见于霍康·索朗边巴的《根敦群培文集》第二册及根敦群培著译作品中的一些偈颂诗，主要诗词作品有《白话嵌字诗》《加尔各答传唱的道歌》《诗论释难》《致拉卜楞寺教友的嵌字诗》等，根敦群培著译作品中的偈颂诗也是优美隽永的诗篇，其偈颂体作品《欲经》可视为诗集佳作。

20 世纪上半叶，藏传佛教对整个藏区社会的影响日益递增，藏族社会依然是十分封闭和凝重的。根敦群培崇佛不信佛，以先驱者的胆识和魄力，主张规范藏传佛教的言行和传播方式。他在拉萨期间，以世俗研究法向达瓦桑布等弟子讲解佛教中观学说，并且向喇琼阿波等弟子传授"诗学"，这是被正统的格鲁派僧人禁止学习的世俗学问。他以世俗的方法论和人文史观写下了《白史》《龙树〈中论〉奥义疏》和《智游佛国漫记》等传世名著。他旅居印度时，参考印度古代的性学典籍撰写了以性爱为主题的《欲经》，是一部经典的世俗作品。

根敦群培生长于热贡艺术之乡，他一生创作了许多精湛的艺术作品，有主题丰富多样的绘画作品，如唐卡、人物肖像、山川、名胜古迹、速写和装饰画等。

1951 年 8 月，根敦群培在拉萨去世。

福康安

福康安历任云贵、四川、闽浙、两广（广西、广东）总督，武英殿大学士兼军机大臣，生于乾隆十九年（1754），经略大学士傅恒的第三子，乾隆帝嫡后孝贤皇后的侄子。

乾隆五十五年（1790），廓尔喀军队侵入西藏，意图抢掠遍布各地的喇嘛庙内的财富，但被当时的清朝驻军将领劝说撤回。然而，他们并未罢休，第二年以更大的规模入侵，几乎没有遇到当地藏兵或者驻守清军的抵抗，因而得以大肆抢掠。乾隆闻讯大为震怒，命福康安偕参赞大臣海兰察率军反击。福康安领兵进藏反击尼泊尔入侵，兵行神速，从青海的西宁到西藏的拉萨，部队只走了39天。乾隆五十七年（1792），清军到达西藏，连战连捷，将廓尔喀军队驱回喜马拉雅山南麓，甚至还反攻到廓尔喀首都阳布（加德满都）外二十公里的热锁桥，迫使廓尔喀乞和。按照福康安提出的条件议和，廓尔喀每五年到北京朝贡一次。作为对这次战功的褒奖，福康安被任命为武英殿大学士兼军机大臣，加封一等轻骑都尉世职，并让他的儿子德麟承袭。

廓尔喀战争后，乾隆帝指示福康安等人"将来撤兵后，必当妥立章程，以期永远遵循"。鉴于西藏地方各项制度松弛、弊病甚多、官吏贪污、政治腐败，以致敌人入境，无力抵抗的时弊，福康安受命整顿西藏事务。1792年，福康安会同西藏地方官员共同议定条例。乾隆五十八年（1793），此条例经清政府审订后，正式颁行。此条例就是著名的《钦定藏内善后章程》（即"二十九条"，以下简称《章程》）。《章程》

对驻藏大臣的职权以及官吏应遵守的制度、边界防御、对外交涉、财政贸易、活佛转世等都做了详细规定，以法律形式固定下来，以期永远遵循。《章程》实现了我国对西藏的法定主权，提高了驻藏大臣的权力；在西藏驻军；中央参与决定西藏地方官吏任命；喇嘛出藏要经中央政府同意等。同时，《章程》还规定达赖、班禅等宗教领袖去世后，其灵童需要经中央批准才能行使权力，即金瓶掣签制度也得以确立。此外，清政府力主在西藏铸造银币，使外国货币无所居奇，维护了国家的经济独立和货币统一。

张国华

张国华，中国人民解放军中将，中共西藏工委第一书记。原名张富桂，江西省永新县怀忠镇官山村人。1914年10月22日生于一个贫苦家庭，早年曾在私塾念书4年多，但因家庭贫困而辍学。15岁时，他参加中国共产党领导的永新西北特区游击队，走上革命道路，后加入中国共产党，走过长征路，参加过抗日战争、解放战争。

在淮海战役中，张国华因战绩卓著而受到司令员陈毅表扬。1949年2月18日，奉中央军委电令，中国人民解放军第二野战军第五兵团第十八军组建，张国华任军长。

1950年1月24日，经中共中央批准，中共西藏工委成立，张经武任第一书记，张国华任第二书记，他们率中国人民解放军第十八军进藏。1950年10月7日，张国华指挥打响了昌都战役，促使西藏地方政府派代表到北京进行谈判，达成了"十七条协议"。1951年10月，张国华率部进驻西藏拉萨；

1952 年 2 月,任中共西藏工委第一书记、西藏军区司令员、中国共产党西藏自治区委员会第一书记;1955 年,获授中将军衔。

1959 年 3 月,拉萨发生骚乱,张国华奉中共中央指示,平定"叛乱"。1962 年,张国华奉命指挥中印边界自卫反击战,歼敌 8000 多人,获得胜利。张国华任第一、第二、第三届中华人民共和国国防委员会委员,第一、第二、第三届全国人大代表,中国共产党第八次全国代表大会代表、第九届中共中央委员。

1967 年,张国华调任成都军区第一政委、中共四川省委第一书记、四川省革命委员会主任。

1972 年 2 月 21 日,张国华在四川成都病逝,享年 58 岁。他一生为西藏革命和建设做出了重要贡献。

四　民俗文化

在拉萨漫长的历史发展中，各族人民从当地实际出发，创造了具有区域、民族特色的文化，其中有精神层面的，也有物质层面的。这些文化盛行于民间，构成了拉萨的民俗文化。拉萨民俗文化包括宗教文化、节日文化、饮食文化和丧葬习俗等，是拉萨各族人民对生产生活经验的总结，具有地方文化特色。从拉萨走向现代文化的过程来看，民俗文化也在发展变化中呈现出多元性和包容性的特点。拉萨民俗文化内容非常丰富，在此做如下介绍。

1 宗教文化

苯教

苯教又称苯波教，是远古时期兴起于西藏本土的原始宗教，大约在距今 4000 年前传入拉萨河谷一带，先后出现三个教派：笃苯（即古老的苯教）、洽尔苯（即游走的苯教）、觉苯（即融合了藏传佛教的苯教）。苯教把世界分为天、地和地下三个部分。天上的神名为"赞"，地上的神名为"年"，地下的神名为"龙"。苯教重祭祀、跳神、占卜、祈福、禳灾等，祭祀的主要内容是崇拜天地、山林、水泽的鬼神精灵和自然物。苯教在社会上主要为人们求福驱邪、卜卦治病、主持婚嫁丧葬等。传承方式主要有家族传承（传子）、选择传承（通过摇糌粑团选能人传承）和活佛转世传承三种，但多数是家族传承。

历史上，拉萨有当雪纳姆、彭域赛嘎、墨竹热巴、拉萨业巴、朗姆热开、纳木措朵仁、吉雪龙纳等苯教道场，有永仲赤堆维林寺、雍仲陈乃赛康寺、业巴岩寺等寺庙。可见，苯教文化在拉萨兴盛了较长时间，后来，佛教传入拉萨，苯教势力逐渐衰落，其地位由藏传佛教所取代。目前拉萨地区仅有米珠通门林寺一座苯教寺庙。

藏传佛教

吐蕃时期，佛教从印度、尼泊尔及我国的中原地区逐渐传入西藏，并吸收借鉴苯教的内容，从而形成藏传佛教。藏传佛教在拉萨有五个派别：宁玛派、噶当派、萨迦派、噶举派、格鲁派。

"宁玛"藏语的意思是旧、古老，宁玛派因传入较早而得名。宁玛派早期无寺庙，直至11世纪才在尼木、曲水等地建寺庙。"噶当"意思是用佛语教导人接受佛教的道理。噶当派源于阿底峡尊者，由仲敦巴在拉萨创立。阿底峡是仲敦巴的上师，在藏传法17年，宋至和二年（1055），逝于聂当。第二年，仲敦巴在林周建热振寺，并以此为祖寺，逐渐形成噶当

宗喀巴（塑像）

派。"萨迦"藏语意思是灰白土，因该派祖寺萨迦寺所建地方是灰白土而得名。10世纪，萨迦派传入拉萨，在林周创建朗唐寺。"噶举"藏语意思是口传。11世纪末，噶举派传入拉萨，香巴噶举和塔波噶举的各大支派、各小支系在拉萨境内都建有祖寺，并以祖寺为中心不断发展，其中直贡噶举、达龙噶

宗喀巴（唐卡画像）

举势力最大。15 世纪，宗喀巴在噶当派教义的基础上进行宗教改革，使之发展为格鲁派。"格鲁"藏语意思是善律。格鲁派也称善律派或善规派，因该派倡导僧人要严格遵守戒律而得名，又因该派僧人戴黄色僧帽，故俗称"黄教"。该派是 15世纪初由宗喀巴大师在拉萨创立，甘丹寺、哲蚌寺和色拉寺是格鲁派在拉萨的"三大寺"。

传入拉萨的佛教，在经历了与苯教的斗争后，占据了统治地位，并与政治结合在一起，形成了政教合一制度。佛教的传入对拉萨乃至西藏影响甚大，人们普遍信仰藏传佛教。在长达几百年的历史中，藏传佛教对西藏人民生产生活产生了深远的影响。

伊斯兰教

16世纪，从内地来拉萨经商的回族人在拉萨北郊的扎其修建礼拜堂，伊斯兰教传入拉萨。康熙五十五年（1716）来拉萨的内地回族人集资对礼拜堂进行了第一次扩建。乾隆五十七年（1792），清军进藏平定廓尔喀后，随军入藏的川、陕、滇、甘回民和清军中的回族官兵旅居拉萨，乾隆五十八年（1793）他们将礼拜堂扩建成拉萨大清真寺。之前，康熙五年（1666），迁居拉萨的印度、巴基斯坦、尼泊尔、克什米尔等国家和地区的回民在绕赛修建了小清真寺。

拉萨的伊斯兰教教徒按规矩要做礼拜、斋戒、开斋，过宰牲节（又称古尔邦节）。伊斯兰教教历每年九月为斋月，所有教徒在此月都要进行斋戒。每天只吃两餐，早餐为凌晨6时，晚餐为23时。白天全体信徒不分男女老幼都要到清真寺做5次礼拜，晚上23时，由清真寺为全体教民供应一次免费晚餐。斋戒期满的第二天，即教历的十月一日为开斋节。这天早上，教民都要为穷苦回民捐赠钱物，并送至家中，庆贺节日。教历每年的十二月十日为宰牲节，这天，家家户户都要宰杀牛羊，念诵安拉经，并将所宰牛羊的肉、油分成三份，自己吃一份，其余两份分别馈赠亲友和贫民，牲畜皮捐赠贫民。拉萨因有数千回民信仰伊斯兰教，故逐渐形成了伊斯兰教文化。

六条转经路

拉萨人口中大部分信仰藏传佛教，市区和乡村有200多座藏传佛教寺庙，人们婚丧嫁娶等日常生活与寺庙关系密切。除此以外，转经是藏传佛教教徒生活的重要部分。藏传佛教对拉萨居民影响较大，从而形成了浓厚的宗教文化。

在拉萨现存有六条著名的转经道，即囊廓、帕廓、林廓、孜廓、堆廓和麦廓。它们均呈圆形环状，是教徒们在日积月累、循环反复、圆圈式的环绕活动中建构起来的信仰空间。尽管这些"廓"（藏文为"skor"，意为"圈"）大小各异、半径不同，包含的具体路线也各有差异，但是它们在信众心目中的宗教价值和实践意义都是相同的，都是可以带给他们今生与来世福祉的神圣空间，彼此并没有本质上的差别。

内转、中转、外转的囊廓、帕廓和林廓

囊廓、帕廓和林廓都是拉萨著名的转经路线，是以大昭寺的主殿为中心向外波及的三个同心圆，分别有内转经、中转经、外转经的意味。在外在的客观地理空间上，它们是内、中、外三个不同半径的同心圆，按路线的长短也可分为小转、中转和大转，并表达为一种密切关联的空间布局结构。它们在概念上也是互相建构和互为存在的前提。所谓内、中、外也是相对而言的。

"囊廓"是藏语的汉文音译，藏文写作"nang skor"，"nang"意为"内"，"skor"意为"圈"。"囊廓"本意为"内圈"，引申为"内转"或"内转经"。囊廓位于大昭寺内，是围

绕主供佛所在的殿堂，专门为信众设置的一条环形转经道。大
昭寺内的狮头大门前是僧众集会念经的长廊，长廊的东、南、
北三侧设有数以百计的转经筒。善男信女们沿长廊一边走，一
边用右手转动这些固定在特制木架上的转经筒，转满一、三等
奇数圈就叫"内转经"或"转内经"。大昭寺一共分四层，其中
一至三层都有回廊，环绕着神变威灵大殿，形成三个立体的
"圆圈"。进大昭寺后，信徒们转经、供佛，均按进门左手顺时
针方向，从一层到三层螺旋式循序渐进，形成大昭寺内的"圆
圈运动"。人们每次来大昭寺内转经，一般都要转完寺内20多
个大小不等的殿堂。每个小的殿堂，多将主佛立在殿堂中央，
四周有诸多佛像陪衬，并围绕主佛形成小的转经道之一。信徒
们每到殿堂供佛时，行完添酥油、献哈达、参拜和布施的仪式
后，再绕主佛转一圈，然后又回到环形长廊继续转经。这样，
在环行长廊的大"圆圈"旁又形成若干小"圆圈"。

转经道

　　八廓街位于拉萨旧城区的中心，是拉萨最有名、最特别、最繁华的一条围绕大昭寺的环形街道。历史上，它曾是拉萨城的中心，是拉萨历史的缩影，也是现今拉萨古城的代表和象征。"帕廓"是藏语的汉文音译，藏文写作"bar skor"，"bar"意为"中"，"skor"意为"圈"。"帕廓"本意为"中圈"，也有寺庙周围的意思。八廓街即"中转街"，既是内、中、外圈结构布局中的"中"，又是因周长距离不同而形成的内、中、外圈里的"中"。"帕廓"又引申义为"中转经道（圈）"或"转中经"。八廓街又俗称"八角街"。八廓街被藏族群众誉为"圣路"，即"升天之路"，是西藏最著名的转经道，在藏族群众心目中享有很高的地位。按藏传佛教教徒的说法，它是承内启外的"中圈"，在这条路上转经，可以表达对大昭寺内释迦牟尼佛的崇拜之情。八廓街是为了修建大昭寺，并随着大昭寺的发展而建设起来的。它是一条步行街，从坐东面西的大昭寺正门前按顺时针方向，依次有八廓西街、八廓北街、八廓东街、八廓南街。八廓的南面和新修的大昭寺广场相连，全长约1.5公里，宽约9公尺，呈圆形，仿如一座巨大的时钟，古老的大昭寺就是钟轴。这条街通常需要花费1小时可以转完。这条街虽不算长也谈不上宽阔，但却是拉萨每天客流量最大的地方。转经队伍里除少数游方僧外，大都是普通善男信女，其中又以拉萨居民、八廓街商人和来自各地藏区的农牧民为多。从时段来看，清晨是以老年人居多，白天则是从四面八方来的善男信女，晚上就是商人们转经的最佳时机。白天，八廓街街上几乎所有的人都在沿街按顺时针方向朝前走着、转着，看似走向一个认定的目标，可走着走着又回到原处，不断重复开始和开始重复。

"林廓"是藏语的汉文音译，藏文写作"gling skor"，"gling"意为"地方""园地"或"洲"，"skor"意为"圈"。林廓又称作"其廓"，也是藏语的汉文音译，藏文写作"phyi skor"，"phyi"意为"外"，"其廓"本意为"外圈"。这里的"外"是内、中、外圈结构布局中的"外"。"林廓"又引申为"外转经道（圈）"或"转外经"。林廓基本上位于拉萨旧城区的外围，大致是东西向的一个不规则的大椭圆圈，也是拉萨著名的转经道之一。林廓是拉萨最长的转经道，大约有 8 公里长，转一圈一般要 3~4 个小时。有人说起点是在小昭寺路和林廓北路的丁字路口，也有的人说"邮电大楼是'林廓'较为固定的起点之一"。在这个巨大的圈内，林廓不仅和囊廓、帕廓构成了三个半径不等且越来越大的同心圆，而且还包括孜廓、堆廓和麦廓等许多大大小小的转经道，以及每一个"廓"形转经道内的所有建筑物。

关于林廓的行走路线有两处在历史上和特殊的转经时段里是有变化的，原因较为复杂。第一处主要在林廓南路。原先转林廓时是不走林廓南路的，而是从林廓东路中段一直向前到现在的江苏路（当时叫金珠东路）再向西去。但近几年，人们去转林廓时，当转到林廓东路中段和东孜苏路的丁字路口时，就沿右手拐进了东孜苏路。大清真寺的门口有两条路，右边的一条是沿东孜苏路进抵八廓街，左边的一条则是进入林廓南路，过仓姑寺、小清真寺，到日松贡布寺门口则左转，进入江

苏路。第二处主要在金珠中路至德吉路南段之间，这段林廓有
两条路线。一条是传统路线，即在金珠中路上的中和国际城向
前不远处便右转向北，钻进一条狭长几近笔直的过道，随后迈
上一级级台阶，翻过药王山的一个小山垭，下山经过正在刻造
垒筑的甘珠尔大经石塔和著名的千佛崖，然后进入又一条狭长
过道，出来即是转林廓的德吉路南段了。这条路主要是在平日
（非"萨嘎达瓦节"转经高峰的日子）里和白天转经人行走的
路线。另一条是最近几年才出现的一条新路线，即沿金珠中路
一直向前，西行到与德吉路南段相交的丁字路口向北右转进入
德吉路南段，再一直沿路向北到达德吉路中段。这条路主要是
在特殊的转经时段里转经人行走的路线。特殊的时段有两个，
其中一个是每年的"萨嘎达瓦节"，一般为藏历四月十五日前
后的几天，超大流量的转经人群全部走这一条路。

顶转、上转、下转的孜廓、堆廓和麦廓

孜廓、堆廓、麦廓是拉萨的另外三条转经道。这三个
"廓"的绕转路线，在有些路段上又或多或少地重合叠加在一
起，孜廓是一个相对独立的概念和单元，而堆廓和麦廓在地理
空间上把孜廓完全包括在各自的范围之内。与囊廓、帕廓、林
廓的内、中、外三个同心圆的结构不同，堆廓和孜廓，或麦廓
和孜廓都不能构成两个半径不等的同心圆。

"孜廓"是藏语的汉文音译。藏文写作"rtse skor"。
"rtse"意为"顶"，"skor"意为"圈"。"孜廓"本意为"顶
圈"，可引申为"顶转"。拉萨的老百姓常说"孜布达拉"，意
思就是指"红山上的布达拉宫"，"顶转"也就是"围绕布达

拉宫所在的红山转圈"的意思。孜廓是一条专门围绕布达拉
宫的著名转经道之一。这和布达拉宫在藏传佛教社会中的殊圣
地位是分不开的。同时，孜廓位于现在拉萨市的市中区，和堆
廓、麦廓的不同路段适度地交织在一起，并方便于江孜塔附近
与林廓交接绕转。孜廓比帕廓的圆圈要大一些，自然路也要长
一些，走着转一圈也要1个多小时，大约有2公里长的路程。
孜廓自成一个循环往复的体系，是以布达拉宫为中心，在向心
点上有别于其他的转经道。和囊廓、帕廓、林廓一样，孜廓在
拉萨妇孺皆知，享有很高的知名度。他们沿袭着历史留传下来
的习惯，来孜廓转经，表达他们内心对佛的一种敬仰、崇拜之
情，同时也为自己及家人的今生来世纳福积德。

　　"堆廓"是藏语的汉文音译。藏文写作"stod skor"。
"stod"意为"上"，"skor"意为"圈"。"堆廓"本意为"上
圈"，可引申为"转上圈"。堆廓的具体转经路线：从林廓北
路上的小昭寺路口开始，沿着林廓北路由西向东，过邮电大楼
的五叉路口，进入林廓路北段和林廓路中段；再入林廓南路，
过阿尼仓姑，来到江苏路，再向西到江苏路和康昂东路南段的
丁字路口，右转进入康昂东路南段至布达拉宫广场；再沿北京
中路向西归入林廓转经路线的林廓西段和林廓北路，然后就一
直沿着林廓北路向东回到小昭寺路口的起点。这一条转经道的
绝大部分路段是和林廓东半圈的转经路线重叠的，只有在布达
拉宫前面的北京中路一段，和孜廓的转经路线重合在一起。绕
转者一般以居住在拉萨城东和东北的藏族居民为主，特别是以
一些老年体弱的转经者为主。他们选择离家近的、出入方便的

堆廓，平日那里可以不像帕廓、孜廓那样拥挤，绕转一圈的路线又没有林廓那么长，从而实践自己的转经生活。这条路线主要是由个人所拥有时间的多少和自身的身体状况及习惯所决定的。

"麦廓"是藏语的汉文音译。藏文写作"smad skor"。"smad"意为"下"，"skor"意为"圈"。"麦廓"本意为"下圈"，可引申为"转下圈"。麦廓的具体路线：从孜廓路上红山东侧的一个叫"米琼然"的小尼姑庙开始，由北向南走，经康昂东路北段和康昂东路南段到江苏路；然后沿江苏路向西，经过林廓的金珠中路路段后，向北穿过"林廓一号胡同"、药王山千佛崖和"林廓二号胡同"，来到德吉路南段；北行进入德吉路中段，再转过功德林、磨盘山进入北京中路、林廓西路；再沿着现在绕转林廓的路线，到龙王潭附近的"江孜塔"，由此绕塔进入孜廓的山阴路段；再沿孜廓路线前行，就又回到了开始绕转麦廓的"米琼然"小尼姑庙。

堆廓和麦廓是一组相对的概念。"堆"和"麦"分别是"上"和"下"的意思，堆廓和麦廓也就是"上圈"和"下圈"的意思，是以拉萨河作为参照和标志的。拉萨河水由东向西从拉萨城旁流过，自然东边是上游，西边是下游，也正是依据这一流势来确定堆廓和麦廓的，位于拉萨河上游的圈就叫作堆廓，位于拉萨河下游的圈就叫作麦廓。就今天看来，堆廓和麦廓实际是林廓在地理空间上的变体，是为了满足一部分人不能完成林廓的绕转而逐渐建构出来的。堆廓和麦廓也具有林廓囊括"三宝"道场和拥有圣迹多的特点。

2　节日文化

藏历新年

春天是一年新的开始，藏历新年是藏族人民最隆重的传统节日。以拉萨为中心的前藏地区，普遍都过藏历一月初一的新年节，藏语称"索朗洛萨"。随着新年的临近，最先热闹起来的是集贸市场，在拉萨的冲赛康市场，街道上摆满了各种年货，这些都是新年的必备品。市民们会为新年准备很多物品，他们认为新年准备的物品越丰富，生活就会越来越好。比如酥油花、经幡等都是必不可少的年货。每年的这个时候，很多人会从拥挤的集贸市场上购买这些引人注目的年货。这时，举着酥油花行于集市的行人是拉萨特有的一道风景。

藏历十二月，藏族人民就开始做过年的准备。每家都要培育几盆青稞青苗，青苗的长势预示着来年的收成。当青苗长到一两寸时，藏民就把它摆到佛龛前，祷告新的一年丰收吉祥。藏族人民还要精心准备各种各样的"卡塞"，"卡塞"是一种油炸的面食小吃，是家庭主妇勤劳智慧的象征，所以，家庭主妇们都会尽量做出特色。

藏历十二月二十九日，人们要举行一年一度的驱鬼仪式。因此，藏历的除夕也被称为"驱鬼节"。这一天，人们需要准备火把，并用糌粑清除身上的污秽。除夕这天，人们重点装扮厨房，他们认为在厨房的屋顶和墙上，用白粉涂吉祥的图案能驱魔辟邪，所以，给自家的厨房画吉祥图案是这天家家户户非常重视的事情。

　　藏历新年的传统年夜饭是"古突"。"古"即九（表示二十九日），"突"即面糊羹。"古突"是由牛羊肉、萝卜丝和面疙瘩等一起煮成的一种食物。有趣的是家庭主妇们在做"古突"时特意地将有一定象征意义的物品如奶酪、盐巴、辣椒、羊毛等包进几个大的面疙瘩中，一并煮进"古突"里，目的是在吃的时候测试家人在新的一年里谁的运气最好。

藏历新年

　　夜幕降临，驱鬼仪式开始。人们点燃早已准备好的火把，在家中的各个屋子转一圈，表示驱鬼降魔。然后将火把送到一个十字路口烧掉。举火把驱鬼通常是由家中的男性来完成，出门时家中的一个女性会跟在举火把男性的后面，把放有象征污秽物的盒子也送到十字路口，表示把一年之中的烦恼、疾病和秽气等都送走了。

每年的最后一天，当人们在自己家的房屋上挂好鲜布，在自家堂柜上摆好"切玛"时，标志着新年已经到来。

大年初一早晨，鸡叫头遍后，家庭主妇起床、洗漱完毕后先到附近水源处背回第一桶净水，作为迎接新年的吉祥之水。之后，全家人按长幼顺序入座，主妇端来"竹松切玛"，每人先用手拿起一点糌粑，向空中连续抛撒三次，表示供奉天、地和佛法僧三宝，最后自己一定要吃一点。一大早，"哲嘎"艺人会挨家挨户地闯门祝贺新年，家家户户都敞开大门，把"哲嘎"艺人当作贵客迎进庭院，向他们献哈达，敬青稞酒。太阳出来时，每家带上青稞酒和"竹松切玛"到各家相互拜年。之后，大家带上哈达等，到附近的寺庙朝拜，点灯祈福。回家后，全家聚在一起共进午餐、唱歌、喝酒、跳舞等。初二，他们开始走亲访友，一直持续到藏历一月十五日。

雪顿节

雪顿节是拉萨地区历史悠久的传统节日之一。按藏语字面意思剖析，"雪"是"酸奶"的意思，"顿"是"宴"的意思，雪顿节就是以吃酸奶为主体的宴会。后来，雪顿节活动逐渐发展演变为以藏戏汇演为主，所以也被称为"藏戏节"。因雪顿节期间最主要的活动是在哲蚌寺展佛，故也有人叫"展佛节""晒大佛"或者"浴佛节"等。

17世纪以前，雪顿节是一种纯粹宗教性的活动。按藏传佛教格鲁派的规定，每年藏历六月十五日至六月三十日为禁期，全藏大小寺院的僧尼不准外出活动，以免踩死小虫。僧侣

雪顿节

们在寺庙里要长净，夏安居，直到解禁。藏历七月一日开禁，僧侣们纷纷出寺下山，世俗百姓要准备酸奶敬献给他们。

相传11世纪中期，阿底峡尊者从印度到西藏传播佛教，晚年定居于拉萨西南的聂唐寺。他很爱吃酸奶，夏日安居期间，附近的百姓们纷纷给他送来酸奶，他非常高兴，做了这样的加持：凡献酸奶的人家，牲畜将不得传染病、不走失、野兽也不吃。阿底峡尊者的话一传十、十传百，献酸奶的人更加踊跃了。这就是关于雪顿节由来的传说。

17世纪中叶，格鲁派兴起。1642年，五世达赖喇嘛阿旺·罗桑嘉措在哲蚌寺坐床，登上了法王的宝座。从此，他的驻锡地哲蚌寺甘丹颇章宫成为当时的政治、经济、文化中心。藏历六月三十日，成千上万的群众涌进寺院，给五世达赖喇嘛和僧众们献酸奶并请求摸顶加持。附近的藏戏班子、野牦牛演出队等也赶来演出、慰问,久而久之,便形成了固定的节日——雪顿节。

1653年,五世达赖喇嘛从哲蚌寺的甘丹颇章宫迁移至布达拉宫驻锡,雪顿节也随之转移到了布达拉宫。1720年,七世达赖喇嘛格桑嘉措统揽西藏政教大权。其间,他下令在拉萨西郊兴建了夏宫罗布林卡,雪顿节的活动重心又转移到了罗布林卡。

传统的雪顿节活动:每年藏历六月二十九日,各地藏戏班子一早到布达拉宫向地方政府主管藏戏的"孜洽列空"报到,并举行简单的仪式表演。然后,他们到罗布林卡向达赖喇嘛致意,晚上回哲蚌寺。六月三十日,哲蚌寺举行展佛仪式,并有一天的藏戏演出。七月一日,来自各地的藏戏剧团在罗布林卡联合演出。七月二日至五日,由江孜、昂仁、南木林、拉萨四个地方的剧团轮流各演出一天戏。节日期间,噶厦政府机关放假,全体官员集中在罗布林卡陪达赖喇嘛看戏,中午噶厦地方政府设宴招待全体官员,席间要吃酸奶。拉萨广大市民和郊区农牧民群众也着盛装,带上吃的,前往罗布林卡观看演出。经常参加雪顿节演出活动的有扎西雪巴、迥巴、觉木隆等12个藏戏剧团,演出以《文成公主》《朗萨文波》等八大藏戏为主。

由于种种历史原因,雪顿节曾一度中断,直到1986年恢复。1994年由拉萨市人民政府主办以来,雪顿节进而演变成集文艺汇演、体育竞技、旅游休闲、商贸洽谈于一体

的，传统与现代相结合的国内外节庆盛会。2006 年 5 月，
雪顿节又被列入第一批国家级非物质文化遗产名录。传统的
雪顿节现已成为拉萨一个"文化搭台、经贸唱戏、广交朋
友、招商引资"的既欢腾又隆重的盛大节日。

沐浴节

每年藏历七月六日至十二日，整个拉萨的广大农牧区和城
乡，都有一个星期的群众性洗浴活动，俗称沐浴周，即沐浴
节，距今有七八百年的历史。在此期间，藏族群众家家户户都
带上洗澡用具、洗涮之物，来到河边洗澡、洗衣、洗藏毯、游
泳、嬉戏，河边热闹非凡，别有一番景象。11 世纪，星相学
传入西藏，藏人根据日月星辰运行的规律进行推算，使藏历更
加完善，同时，人们能借助"嘎玛日吉"星（金星）的出没
来区分春秋季节。每年藏历七月"嘎玛日吉"星出现时，沐
浴活动拉开了帷幕并逐步进入高潮；"嘎玛日吉"隐没时，沐
浴活动也随之结束。沐浴节不单纯是洗澡净身，还是在人们最
佳时辰、最佳地域吸纳高原河水之精气，洗去全身的秽气，达
到养身、延年益寿、健康平安之目的。

关于沐浴节的来历，民间口头传为：相传在远古岁月，人
间没有医生，所有医生都是天神旺波杰青（天神帝释天）派
下来的。他们背着药囊，沿着彩虹桥下凡，为贫困和备受疾病
折磨的藏民行医治病、驱鬼辟邪。当他们渐渐老去甚至不能走
路、骑马、背药囊时，便返回天界，又在那里返老还童。

有一位神医特别受到藏民的爱戴，人们尊称他为"门
拉"，即药神。他离开人间后，一场可怕的瘟疫席卷西藏，到

沐浴节

处都是被瘟疫夺取生命的尸体。老百姓呼唤药神，恳求他下凡
解除人间苦难。药神得知后，非常痛苦，请求重返雪域，但天
神旺波杰青说："人间有人间的法律，神有神的规矩。你已经
去过一次人间，理应不能再去。故念你心诚意坚，而且医术高
明，限你七天七夜时间解救藏民，祛除瘟疫，如果超越期限，
那天上的神罚是无情的。"

　　药神冥思苦想多日，最后将自己变成一颗明亮的星星，闪
烁出缕缕光芒，光芒照到山上，草木皆成药物；照到河水里，
水变成了药水。当天夜里，所有疾病缠身的人做了一个同样的
梦，梦见拉萨东南方向的天空亮起一颗从未见过的星星，在星
光的照耀下，有位又黑又瘦被疾病缠身的病女，走进拉萨河沐
浴，等她出来后却貌若天仙，异常美丽。大家纷纷说这是药神
布下的仙水，于是第二天男女老少成群结队到附近的江河里洗

澡沐浴。七天之后，星星隐去，瘟疫也被控制住了，病患康复了，自此，便逐渐形成了一年一度的沐浴节。

萨嘎达瓦节

萨嘎达瓦节是拉萨地区藏民族的传统节日，而藏历的整个四月都被称为"萨嘎达瓦月"，藏历四月十五日，据考证是释迦牟尼佛诞生、得道、圆寂的日子，全世界的佛教徒都隆重纪念这一重要日子。

四月，按藏历的说法，星象上将出现28宿中的萨嘎星宿，即氐宿星。这月（藏语称"月"为"达瓦"），拉萨人统称为"萨嘎达瓦"，把祭佛日也简称为"萨嘎达瓦节"。释迦牟尼佛曾言："此日行一善事，有行万善之功德。"因此，信徒们将此月视为神变月，广大僧俗信教群众进行各种佛事活动，一般为不杀生、不吃肉，专意朝佛供佛，或者磕长头、转经。

每年的萨嘎达瓦月，拉萨地区附近的藏族民众按照传统习俗，纷纷前往大昭寺、小昭寺、布达拉宫的帕巴拉康等主要佛寺，点灯、献供或者对主尊佛一律涂金。尤其在藏历四月十五日，朝圣人群首先到大昭寺、小昭寺等朝拜，献哈达，添灯供佛，礼供完毕，则按习惯的转经路开始转经，当然有些人是直接去转经，途经药王山、罗布林卡、德吉林卡、布达拉宫，中午到达龙王潭。转经的僧俗群众一边转经，一边在转经路旁的煨桑炉中煨桑祭祀、祈祷，沿转经路行善接济乞丐。朝圣群众一般都自带食物，中午在龙王潭游湖、宴乐。拉萨市藏戏团和其他文艺团体也来此进行文艺表演，为节日助兴。

萨嘎达瓦节

3 饮食文化

传统藏餐

藏餐是人们对西藏、青海、甘肃、四川和云南藏区菜点的统称，这里主要介绍以拉萨为代表的藏族餐饮。藏族传统的日常饮食主要有糌粑、面食、牛羊肉和奶制品等。拉萨的传统藏餐历史悠久，品种丰富，味道鲜美，共有100多个品种。藏餐主要分为主食、菜肴、汤类和奶制品四大类，佐料有盐巴、生姜、花椒、藏茴香、胡椒、大蒜、辣椒、葱等。

《拉萨市志》中也有同样的分类，并一一列出藏餐的名称。

传统藏餐

主食有麻三、马铃薯咖喱饭、牛肉包子、奶渣包子、咪哒、帕杂麻姑、油煎窝头、碱面条、麦片粥、肉馅饼、薄饼、酪粥、酒粥、水饺、荞面饼、糌粑、面疙瘩、酸奶饭、归丹、人参果粥、果枯粥等。

菜肴有灌羊肠、羊肺、羊头凉拌、炸羊排骨、灌牛肠、牛肚凉拌、炸牛肉、炸牛肉排骨、萝卜炖牛肉、银丝肉丁、烤蘑菇、虫草黄蘑、虫草蛋黄、油浇人参果、鸡蛋肉包、核仁鸡胸、羊肉蘑菇片、蛋白鸡、香塞等。

汤类有虫草肉汤、祛瑞、奶渣片汤、排骨汤、牛肉汤、羊肉汤等。

奶制品有奶脂、初乳、酸奶、奶渣、酸酪、酪糕等。

由于传统藏餐的品种繁多，在此仅选择拉萨传统餐饮中具有代表性的、大众化的典型藏餐予以简要介绍。

糌粑　糌粑是青稞炒熟之后磨成的粉。糌粑是藏人的主食，无论是农区还是牧区，或者是拉萨市区，糌粑都是人们不可或缺的食物。根据口味不同，磨的粗细也不等，拉萨地区的人们一般喜欢吃比较细的糌粑。糌粑营养丰富、味道甘美、久食不厌。糌粑的食用方式主要是拌酥油茶，即在碗中放入适量的酥油、曲拉（奶渣），再倒入酥油茶，待酥油融化，曲拉被泡软，茶喝到适量，加入糌粑，然后揉成团直接食用。或者是和着少许曲拉、酥油，倒入奶茶，调成粥吃。这种吃法在藏区因地区差异，名称亦不同，有的称为"加卡""都玛"等。

罗廓馍馍　一种面食，即将发面做成窝头形状，在锅底抹一层油，再把成形的馍馍排列入内，待锅热到一定程度后，加入少许水，把锅盖盖严实，蒸熟后即可食用。

卓玛着塞（蕨玛米饭）　将蒸熟的大米和煮熟的人参果放在碗里，再加入白糖和上等的细软奶渣，并浇上熔化的热酥油，搅拌后即可食用。卓玛着塞香甜可口，是过年过节和招待客人的最佳食品。

土豆咖喱饭　先将新鲜酥油熔化，放入少许葱末，并把切成块状的羊肉炒成半熟，加上小茴香、咖喱、盐巴等佐料，再把煮熟去皮的土豆切成块状，放入锅中烧一会儿即可。

酸萝卜　用片状或者条状的新鲜水萝卜腌制而成。味酸、爽口、开胃，好吃。拉萨人喜欢在吃藏面时配上酸萝卜一起食用。

吐巴　"吐巴"是藏语，意为面条。拉萨典型的传统面食就是藏面。其做法是将咸水烧开冷却,掺入藏面,揉成细软面团,做成圆面条,煮熟后,过滤掉水,抹上油,晾干后即成。吃时,将煮好的面条放入碗内,再加入熬好的滚烫的肉骨头汤,使面条变软,加上一些牦牛肉碎肉、葱花即可食用。

酥油茶　在藏族人的生活中,茶是不可或缺的重要饮品。其制作方法是,先把砖茶或沱茶熬成汁,滤出茶叶,再倒入酥油茶桶,加少许酥油和适量盐巴,然后上下抽动茶桶内的搅杆,搅拌到水乳交融,不见油珠为宜。酥油茶油而不腻,营养丰富,能防止唇裂,泽皮毛,是适合高原的绝佳饮品。

甜茶　以红茶为原料。在红茶水中加鲜牛奶煮开,然后加入适量的白糖,搅拌均匀后即可。拉萨人喜欢喝甜茶,甜茶馆遍布拉萨街头,甜茶既便宜又可口,是老百姓的最爱。

青稞酒　西藏人酷爱青稞酒,是婚丧嫁娶、岁时节庆必备的饮品之一。青稞酒的酿制方法独具地方特色,先将青稞清洗干净后煮熟,待温度降到温热后加入酒曲,再将其装进陶罐,密封,使其发酵,两三天后加水,隔一天后拔掉罐底的塞子,流出来的便是青稞酒。青稞酒度数比较低,分头道及二、三、四道。头道 15 度 ~20 度,三、四道约 5 度。酒色黄而清淡,味清香而甘酸,不易醉人。

藏餐发展

藏族先民很早就生活在青藏高原上,他们发现了自然火的作用,便开始保留火种,继而又发明了钻木取火。从此,人们的饮食由生食向熟食转化,完成了烹调的第一个阶段。

随着火的运用、陶器的发明和青铜器的生产以及各种调味品的出现，藏餐的烹饪也经历了火烹、石烹、陶烹、铜烹和铁烹等历史阶段，技艺日渐精湛，进而藏族先民告别了野蛮的饮食生活，进入文明的烹调时期。藏族的饮食文化是随着社会变迁而变革发展的。

旺堆在他的《藏餐的源流及发展》一文中，将藏餐的发展总结为三个阶段。藏族餐饮发展的第一阶段是 6 世纪。原因有二：一是当时吐蕃通过商贸交易与中原内地和亚洲各国开展了广泛的经济文化交流，丝绸之路的开通极大地丰富了西藏烹调原料的品种；二是烹调技术得到了发展，特别是文成公主进藏，开辟了藏汉饮食文化交融的先河。这时人们开始慢慢注重博食和养食。博食即烹调用的原料品种繁多，遍及粮食、畜乳、蔬菜、瓜果等门类；养食即"医食同源""药膳同功"。这说明当时西藏医药事业在食补方面也有了长足的发展。

藏族餐饮发展的第二阶段是 18 世纪，这一时期是清光绪皇帝在位时期，清代的筵席种类之多，规模之大，菜肴之丰盛，烹调之精美，出现了"满汉全席"。当时藏人称"满汉全席"为"嘉赛柳觉杰"，意为汉食十八道。当时，拉萨及周边地区重镇的蔬菜、瓜果和厨具等也多了起来，一些比较简单的烹饪技术也开始流传到民间，有力地促进了西藏烹饪技术的发展。

藏族餐饮发展的第三阶段是 20 世纪 80 年代。在改革开放政策的推动下，西藏旅游业的发展极大地带动了西藏饮食文化的发展，使西藏饮食和烹调得到了空前的发展。在吃什么、怎么吃、怎么做等最基本的问题上，开始朝着由简至繁、由粗至精、由低级向高级的方向发展。这一时期也出现了有关藏餐的专著，如次仁群培所著的《藏餐菜谱》《拉萨地区藏餐菜谱》及《藏族常用饮食辞典》等，全面介绍了各种藏餐的烹调手法，从而揭开了西藏饮食的新篇章。

多元餐饮

随着人类社会的发展与进步，在信息流通越来越快的当下，文化的更新转型也日益加快，拉萨也不例外，传统文化的继承和发展也面临机遇与挑战。在此背景下，拉萨餐饮文化呈现多元化发展趋势。众所周知，传统藏餐所用的原料大部分产自藏区，纯天然，污染少，营养丰富。随着生活水平的不断提高，藏餐在保持传统制作方法的同时，不断改良，口味更加大众化，一些改良藏餐还融入了不少外来文化元素，深受各族民众的喜爱。拉萨除了可以吃到传统的各种藏餐之外，尼泊尔餐、印度餐、西餐、川菜、东北饺子、云南米线、兰州拉面、新疆大盘鸡、土族风味餐、清真餐等应有尽有，还有快餐德克士等。

拉萨的发展日新月异，拉萨的美食也不胜枚举，来自世界各地的游客都能在拉萨找到适合自己口味的美食。不过，来拉萨最不能错过的还是藏餐。拉萨的藏餐厅遍布大街小巷，环境和味道也各不相同。就以大昭寺周围来说，比较有名的餐馆就有雪域餐厅、阿罗仓藏餐、西藏牛排、香鹿舍咖啡、岗吉餐厅、光明甜茶馆、玛吉阿米和娜玛瑟德等；沿着北京东路一直向西也有很多大大小小的藏餐馆、甜茶馆、藏式风情酒吧等，外国游客和背包客们比较喜欢在八朗学旅馆的餐吧中消耗整整一个下午的时间，喜欢喝酒的则泡在岗拉梅朵，拉萨老百姓喜欢在亚宾馆对面的德吉甜茶馆吃藏面、喝甜茶。另外还有意忘餐厅、民族风味餐厅、平措藏餐厅、怪牛沙龙餐厅等。当然，布达拉宫脚下的雪神宫号称是拉萨最正宗、最高档的藏餐厅。再往西是著名的拉萨美食一条街——德吉路。"吃在德吉路"是拉萨人的共识，德吉路的美食圈基本辐射了北京西路、巴尔库路和二环路等周边街区，这里除了有民族特色的藏餐外，全国各地的菜品几乎都能找到。这里有川菜、湘菜、上海菜、北京风味菜、东北菜、桂林米粉、陕西肉夹馍、牛肉面等餐馆，甚至还有韩国烧烤。德吉路上的火锅店则是别有风情，火锅有麻辣火锅、清汤火锅、野山菌火锅、涮羊肉火锅、冷锅鱼火锅、海鲜火锅、串串香火锅等，这些火锅店风味独特，口味各异。与德吉路分庭抗礼的天海夜市则是拉萨人的夜厨房。天海夜市是近十年来发展起来的另外一条美食街，在这里晚上特别热闹，几乎是个不夜城，商贩大多数来自青海和四川，这里主要有烧烤、羊肉串、烤羊头、炒面片、炒小龙虾、炒田螺、麻辣烫、麻辣串串等。此外，拉萨的太阳岛也是美食集中的又一个天堂。太阳岛小吃广场汇聚了全国各地的美味小吃，有各色营养丰富的凉皮、蚕豆、虎皮辣子、荷塘四季、青椒皮蛋、夫妻肺片等凉拌荤、素菜，主要以川味为主，还有川式面点、粤式烤点和港式小笼包等。

　　拉萨是一个比较包容的城市，拉萨的餐饮汇聚了各大藏区的藏餐、川菜、西餐、印度餐、尼泊尔风味餐等，拉萨的餐饮文化也借鉴和吸纳了国内外各种饮食文化的精髓，正趋于多元化和多样化发展。

4 丧葬习俗

天葬

天葬是拉萨藏族普遍采用的一种丧失葬形式。西藏民主改革前，拉萨人也采用水葬、墓葬或火葬的方式。后来人们普遍选用天葬。依据西藏古墓遗址推断，天葬约起源于 7 世纪，有人认为，这种丧葬形式是由直贡噶举所创立的。1179 年直贡巴仁钦贝在拉萨墨竹工卡县直贡建造了直贡梯寺，并在当时推行和完善了天葬制度。

拉萨有三座天葬台，其中直贡梯天葬台是著名的天葬台之一，也是三大天葬台中地理位置最高的一座。它周围的环境非常壮观。它位于西藏拉萨市墨竹工卡县仁多岗乡，有"直贡曲佳"之称，意为永生、永恒之地。该天葬台虽然看上去平淡无奇，但它在人们心中有至高无上的地位。据传说，直贡梯寺创始人直贡巴仁钦贝在圆寂前曾向世人宣布："已得到神的启示，在梯寺修一座天葬台吧，送往这里的尸体可以直接进入天国而获得永生"。

汉族墓地

在拉萨的汉族人去世后，习惯墓葬，汉族墓地位于拉萨市北郊城关区先锋公社种子厂附近的山脚下，东、北两面依山，西、南两面是开阔的拉萨河谷地，可谓理想的风水墓地。

　　据保存现状，汉墓地可划分为三个墓区。第一墓区范围最大，位于整个墓区的西边，保存坟堆 1400 多座（拉萨解放后的墓除外，下同）。其他两个墓区位于第一墓区东约 150 米的山麓下，中间以沟壑为界。在第一墓区和第二、第三墓区之间，又有现代水渠相隔，其中第二墓区位于第三墓区之西，现存坟堆 35 座。第三墓区现存坟堆 40 座。汉族墓地的原有数量远不止这个数目，很多墓早已在造田、修渠和建房时被夷平。整个墓地范围东西长约 1000 米，南北宽约 600 米，共 60 多万平方米。

　　汉族墓地墓碑较多，现发现的 28 块，大多都已残缺不全，只有墓区碑记保存最完整。它由碑首、碑身、碑座三部分组成，通高 2 米，宽 88 厘米，碑首为二龙盘绕，中间竖行写着不甚规则的 "大清西竺义冢碑记" 8 个大字，墓碑正文字体采用正楷，前半部字体较大，后半部字体较小。据碑记记载，墓地 "起自乾隆六十年（1795）"。当时钦差大臣松筠、和宁及驻藏文武官员等捐资购买了这块荒地，"以备兵民病故者为寄葬之区"。墓地原来曾立有一碑，在嘉庆八年（1803），墓碑被附近群众打碎，嘉庆九年（1804）又重新立了墓碑，同时建造了看守房。十年后，满人甘棠在房前种了一棵柏树，此后墓碑又被人打坏，同年（1814），驻藏官员再次划定墓地界址，周围种上椿树，"重立碑记，镌刻衔名，建盖碑亭一所"。这就是我们今天所能看到的 "大清西竺义冢碑记" 和碑房。

回族墓地

　　在拉萨的回族人去世后也采用墓葬形式，回族墓地位于拉

萨市北郊多底村北，南距拉萨市约 10 公里，当地群众称之为
"卡及林卡"，意为回族林园。整个墓地东西宽 200 米，南北
长 320 米，总面积约 64000 平方米。西面依山，其余三面以墙
环绕，大门向东，一进门是墓地礼拜堂和守墓人住房。

居住在拉萨的回族人可分为两支，一支来自内地，拥有大
清真寺和北郊回族墓地；一支来自克什米尔地区，拥有小清真
寺和西郊回族墓地。但初期的北郊墓地亦收个别克什米尔地区
回族人入葬。

北郊回族墓地建于康熙五十五年（1716）。乾隆五十八年
（1793）平定廓尔喀之后，清真寺进行了维修扩建。根据墓地
现存墓碑来看，至少在嘉庆四年（1799）时，这个墓地已具
现有规模。墓地过去一直受西藏地方政府保护，墓地的树木均
归基巧堪布管辖。墓地现有墓葬无准确数据，据守墓人讲有

回族墓地

1000 余座。墓地曾经数次遭人为破坏，不少墓冢被夷为平地，大量墓碑或被搬往他处，或身首分离。现有墓碑共计 23 通，其中清代碑有 16 通，民国碑有 1 通，现代碑有 6 通。墓冢大部分为南北向，少数为东西向。据观察，这批墓均为竖穴洞室墓，竖穴多为 2 米长、0.8 米宽，合葬墓竖穴长 2 米，宽 1.5 米，儿童墓竖穴长 0.7 米、宽 0.4 米。穴内部填土，以木材棚盖穴口，然后封土。封土形式较特殊，均为长方形五脊四面坡形式，有的四周砌一层石块。墓地有一组墓，共十四座，围于一长方形石砌框内，据说清道光年间有十几个回族人从内地来藏，被噶厦政府疑为奸细，斩杀无遗，后查清是无辜的回族人，即送尸至此，合葬一处。

墓地有一小清真寺，面积约 500 平方米，由礼拜堂、门廊、客房、浴室及庭院组成。建筑均为藏式土木结构，礼拜堂内有八柱，木板铺地，门东向，西墙正中一拱形落地，上书阿文龛，龛中及两侧墙上悬挂伊斯兰教圣地麦加的照片三帧。礼拜堂内简洁清净，典雅肃穆。礼拜堂外南北两侧为客房及浴室。

五　名胜古刹

　　拉萨历史悠久、文化灿烂，境内有壮丽的自然景观，也有众多富有特色的人物故居，还有随着宗教发展而形成的两百多座寺庙，名胜古刹成为丰富的旅游文化资源。这些自然景观渗透着浓郁的人文气息，而作为历史人文景观的寺庙也孕育着美丽的风景；人物故居则陈留着时代的痕迹，诉说着时代的故事。

1　自然景观

药王山

　　即"加不日"（铁山），系"山脚之山"之意，《卫藏通志》又作"招拉笔洞山"。山体东宽西窄，形状为三角形，西北侧为崖坡，东南侧为绝壁。山上原有一门巴扎仓，相当于一医学小寺，"寺内喇嘛，多业岐黄"，此山由此闻名。内地人望文生义，往往称之为药王山，渐次传称，讹名反见流行，相沿至今。

药王山海拔 3725 米，位于布达拉宫西南，和布达拉宫互为犄角，卡着拉萨西部的门户。二山原曾起伏相连，随着拉萨的不断兴建，于其交接的凹部凿出了一条通道。

药王山东部为"盘叫目"，相传为文成公主因思念家乡而向东朝拜的地方，现修有水池。东部山崖下边还有著名的查拉路甫石窟，山南崖面又有摩崖造像。西边山顶原建有一座尼姑庙，据说系唐东杰布建造，其内还有唐东杰布的自画像。康熙三十四年（1695），由宇妥·萨玛云丹贡布主持迁走药王山上的尼姑庙，建造了门巴扎仓。门巴扎仓，为藏式平顶建筑，层楼叠起，颇为壮观。门巴扎仓是第一个从寺院中独立出来的医学扎仓，它的医学虽然在很大程度上受到宗教教义的束缚，但毕竟为挣脱神学领域迈出了关键的一步。门巴扎仓成为藏医藏

药王山摩崖石刻

药发展传播的一块宝贵基地。门巴扎仓的学生很多，教学成果也卓有成就，著名的老藏医院院长克罗诺布就是从这儿培养出来的。门巴扎仓的教学有其独特方式。其配合教学绘制的成套医学唐卡，既是藏医学研究的宝贵资料，又是唐卡艺术的瑰丽花朵，有极高的历史和科学价值。

药王山摩崖造像是西藏地区古代著名的藏传佛教摩崖石刻造像之一，是拉萨著名的景观之一，据载最早开凿于吐蕃时期，后经历代不断雕琢而成。摩崖造像主要分布于药王山南侧，这里石质坚硬致密，造像保存完好。此处因山体刻满了数千余尊佛像和神灵雕像，又称"千佛崖"。药王山摩崖造像数量众多，内容丰富，题材广泛，时代有早有晚，风格各异，堪称西藏摩崖石刻造像之冠。药王山摩崖造像分布2千米，刻有500余尊造像，小者小不盈只，大者高达数米，气势磅礴。摩崖造像内容多为佛像和文字两种，其中尤以佛像最多。文字以六字真言为主，同时包括一些佛经内容。造像粗犷、质朴、色彩明丽，多出自民间云游艺人之手，其中不乏形神兼备、栩栩如生的佳作。药王山的摩崖造像，具有很高的历史文物价值，是一座十分珍贵的艺术宝库。

拉萨河

拉萨河为雅鲁藏布江五大支流之一，位于拉萨市境内，雅鲁藏布江中游的北岸，发源于念青唐古拉山中段北麓。拉萨河的北部和东北部与怒江流域相邻，东部与帕隆藏布和尼洋河相接，南部为雅鲁藏布江干流，西部和西北部为藏北内流水系。河源地区为平坦沼泽地，海拔5200米，汇入口海拔3580米，总落差 1620 米。从源头始，经彭措、色日绒、绒麦、直孔等地，于曲水县附近汇入雅鲁藏布江。河流东西长约 551 千米，流域面积为 32471 平方千米，占雅鲁藏布江流域面积的 13.5%，是雅鲁藏布江最大的一条支流。其干流段水能蕴藏量为 171.7 万千瓦，在雅鲁藏布江各支流中位居第三位。拉萨河流域是西藏最主要的农牧业生产地区之一，可分上、中、下游三段。拉萨河的主要支流有麦曲、桑曲、拉曲、学绒藏布、堆龙曲。此外，还有墨竹马曲、玉年曲等，最大的支流为堆龙曲。

拉萨河平均径流量约 333 立方米/秒，其中降水补给量占年径流量的 48%。年平均含沙量仅 0.098 千克/立方米，是中国河水泥沙含量较少的河流之一。夏季、秋季河水径流量占年径流量的 88.6%，年内分配很不均衡，河水多寡悬殊，多水患。根据历史记载，近 500 年间，洪水曾 4 次淹没拉萨市区。西藏和平解放前，拉萨河基本未设防，只有部分地段用石块及草皮进行简单防护。1951 年后，拉萨河的治理工作逐步展开。1961 年拉萨河城区段首次进行治理。1962 年拉萨遇到特大洪水冲击，市区遭受水灾。1964 年拉萨市开始大规模治理工程，到 1968 年，拉萨河治理工程基本完成，共修筑河堤 20.3 千米。此后，西藏自治区人民政府始终把拉萨河堤防整治和城市防洪作为主要工作，1996 年完成工程投资 600 万元，先后对拉萨河贡布塘、纪念碑等 4 处险段进行重点整治。

3357 项目是拉萨河谷农业综合开发项目，1986 年由自治区人民政府和农业部共同研究提出，1987 年经国务院批准正式列入 1988～1990 年中国接受联合国世界粮食计划署的援助计划。援助计划通过利用拉萨河谷的水资源，进行农业综合开发建设，在拉萨河谷内建立科学、多层次的农业生产良性生态结构，主要以兴修水利为主，扩大农田保灌和林草的灌溉面积，通过植树、种草，改变生态条件，合理地发展畜牧业，促进粮食生产，逐步建立林草保护下的农业生产基地。该项目在实施区及拉萨市产生了良好的经济效益。

拉鲁湿地

拉鲁湿地是世界上海拔最高、面积最大的城市天然湿地，也是黑颈鹤、胡兀鹫等珍稀濒危鸟类的栖息地和越冬地。"拉鲁"，是历史遗留的称谓，过去曾是贵族拉鲁家族的领地，位于拉萨市西北。湿地海拔 3654 米，总面积 620 公顷，占拉萨市总面积的 11.7%，属冈底斯山支脉东延部分，东、南、西三面与公路和城市水渠接壤，为藏南高原温带半干旱季风气候区，阳光充足，日照长，空气干燥，蒸发量大，降雨量少，气压低，雨旱季分明，多夜雨。

高原生态环境保护地——拉鲁湿地

　　土壤类型以腐泥沼泽土、泥炭沼泽土和泥炭土为主，属芦苇泥炭沼泽湿地。植被类型主要为沼泽草甸，植物种类多样化，以高原特有的水生及半水生和草地植物为主。野生植物以芦苇群系和中生型莎草科植物为主，优势种和次优势种包括西藏篙草、芦苇、葛蒲等。保护区内动物种类以水生水栖类为主，脊椎动物种类也有分布。

　　据专家测算，通过光合作用，拉鲁湿地每年可以吸收7.88万吨二氧化碳，产生5.73万吨氧气，对拉萨市区调节气候、增加空气含氧量、保持地下水位、过滤污水、维护生态平衡，以及美化城市环境等发挥了重要作用。1999年西藏自治区人民政府批准建立拉萨市拉鲁湿地自然保护区。同年，拉萨市人民政府成立了拉鲁湿地自然保护区管理委员会。2000年拉萨市政府颁布了《拉萨市拉鲁湿地自然保护区管理办法》，使拉鲁湿地进入依法管理轨道。2005年8月，拉鲁湿地被列为国家级自然保护区。其被誉为拉萨的"大氧吧"，有"拉萨之肺""天然氧吧"之称。

纳木错

　　纳木错为西藏自治区最大的湖泊，中国第二大咸水湖，世界上海拔最高的大湖之一，位于当雄县和班戈县交界处。纳木错，系藏语"天湖"之意，蒙古语称腾格里海、腾格里湖。纳木错周围庙宇林立，每年都有来自青海、甘肃、四川、云南及西藏各地的佛教徒到此转经朝拜。每逢藏历羊年，朝圣者盛况空前。纳木错与玛旁雍错、羊卓雍错被尊称为西藏高原"三大圣湖"。

纳木错

纳木错地处念青唐古拉山脉西北麓断陷带最低洼处，系新生代第三纪喜马拉雅运动时期形成的构造断陷湖，是念青唐古拉山西北侧大型断陷洼地中发育的构造湖泊，属内流湖。湖面海拔4718米，湖长78.6千米，平均宽度24.4千米，最大宽度50千米，面积1920平方千米。平均水深35米，最大水深39.2米。湖面清澈湛蓝，透明度达9米以上。因周围高山冰雪融水源源不断补给，湖水矿化度不高，仅为1.7克/升，为藏北所有大中型内陆湖泊中矿化度最低的湖泊。纳木错属于半湿润向半干旱过渡的草原地带，气压低，光、热资源丰富，流域内雨、旱季分明，多风是其显著的气候特点。

纳木错西侧的湖湾处，不仅保存了大面积的古湖相沉积物，还有熔岩洞穴和古老的岩画。湖中有5座岛屿，最大的朗多岛面积为 1.24 平方千米。此外，还有 5 座半岛，最大的为扎西半岛，面积约 10 平方千米。纳木错东岸和西岸地形开阔，有约 81.1 万平方千米的高寒草甸和高寒草原，形成宽广的湖滨平原。这里是纳木错湖区著名的牧区。纳木错属贫营养型湖泊，浮游生物、底栖生物、大型水生植物极少，鱼类资源种类贫乏。纳木错地区野生动物区系属青藏区羌塘高原亚区，既包括生活在高山高原、寒漠环境中的鸟类，也包括生活于湖区的水禽，还有生活于湖滨草原的各种陆生野生动物。

纳木错流域著名的寺庙有东部加西多切波寺、西部多加寺、南部古尔穷白玛寺和北部恰妥寺。纳木错湖区的岩画主要有两处，一处位于扎西半岛，面积约 1 平方千米；另一处位于纳木错西部多加寺北，岩画长、宽各 300 米左右。两处岩画主要是动物、宗教符号，并有文字记载。其中最古老的岩画已有上千年的历史，对于研究纳木错流域及藏北地区的历史、文化和宗教发展具有重要意义。

2001 年，西藏自治区人民政府批准建立以保护高原生态系统和生物多样性为主，兼顾保护藏文化和自然遗迹的生物圈自然保护区。2002 年，西藏自治区人民政府成立纳木错自然保护区管理委员会。2003 年，西藏自治区人民政府批准建立了纳木错自然保护区管理局，并在各乡政府所在地设立保护区管理站，落实资金 1075 万元，实施对纳木错自然保护区管护工程。纳木错自然保护区是世界上为数不多、中国境内海拔最高的高原类型生物圈自然保护区，共辖拉萨市当雄县 1 个乡和那曲地区班戈县6个乡。该保护区具有完整而特殊的生态系统和地质构造，有全球稀有的高原代表性气候、大量的野生动植物资源以及文物古迹和特殊的地貌类型，具有重要的保护和科研价值。

德仲温泉

德仲温泉位于墨竹工卡县仁多岗乡德宗村。温泉最高温度为46℃。泉口用碎石围成毗邻的大、小两泉塘。大泉塘直径5米，小泉塘直径3米，泉水深度约0.3米。泉塘底部有多处鼓泡涌水，水面温度41℃~42℃，流量约50升/秒。水色清澈无异味，适宜沐浴。泉塘南部有一偏东西走向的高大钙华墙，墙高约30米，长120米，底宽约50米。钙华墙底部受河水侵蚀穿透，形成天然桥梁。钙华墙脊部尚残存宽约0.5米的大裂缝，为泉水的出口，今德宗温泉出露于深切峡谷的谷端与钙华墙之间。

羊八井地热田

西藏地热蕴藏量居中国首位，地热显示点有600多处。西藏境内主要地热显示区有羊八井地热田、谷露地热田、查布地热田、卡乌地热田、古堆地热田和朗久地热田等。

羊八井地热田是中国境内发现的第一个湿蒸汽地热田，也是西藏高原上典型水热爆炸类型的地热田之一，有"地热博物馆"之称，位于当雄县羊八井镇。地热田出露于羊八井盆地的中部，面积为17.1平方千米，显示类型主要有冒气穴、喷气孔、沸泉、热泉、热水塘、热水沼泽等，具有种类多样、水热活动强烈、规模宏大等特点。该热田热储中的热流体呈液

态热水或汽液两者混合状态。地表测得泉水最高温度为
93.1℃，地下热储温度为230℃，热泉内水流量为980升/秒，
沸泉温度为93℃~172℃，天然热流量为11万大卡/秒，每天
放出热量相当于47万吨标准煤所释放的热量。羊八井地热田
是西藏自治区最大的地热显示区。

地热区内为著名的羊八井风景旅游区，区内温泉较多，温
泉水中含有的大量硫化氢，对多种慢性疾病有治疗作用。羊八
井地热发电厂是拉萨电网的主力电厂之一，也是中国20世纪
90年代最大的地热电厂。发电厂充分利用羊八井盆地蕴藏的
丰富地热资源，开发地热景观旅游项目，如室内、室外温泉游
泳池，养殖，温室种植等。

2 名人故居

强巴敏久林宫

据《西藏简明通史》1989年藏文版记载：松赞干布系藏
族血统，父亲朗日松赞，母亲次绷氏，隋大业十三年（617，
藏历火中年）生于墨竹工卡县甲玛沟强巴敏久林宫。据中国
历史文化名城丛书《拉萨》记载：强巴敏久林宫坐落在拉萨
以东五十里墨竹工卡境内甲玛赤康，是7世纪藏王松赞干布的
出生地。

强巴敏久林宫，汉语译为"仁慈不变宫"，在墨竹工卡县
县城以西甲玛乡赤康村。如今，在甲玛乡入口处竖立着写有
"松赞干布出生地"的精美巨大的藏式门亭。沿着门亭前笔直

的柏油路向前走不远，就可看见左边半山腰上碉堡式的建筑——松赞拉康，里面供奉着松赞干布、文成公主及赤尊公主的塑像，香火缭绕，朝觐者如云。从松赞拉康下来，沿着公路继续前行，公路左侧有一神泉，名曰"忧果泉"，也叫"松赞神泉"。泉的两边饰以神兽，汩汩的泉水从两边的神兽中间流出，下面为一个方形泉池，池底也有泉水不停地往外冒。传说当年松赞干布诞生的那一刻，强巴敏久林宫前原本坚硬的土地上突然涌出一股清泉，一开始人们只是觉得惊奇，有胆大的人跑上前来试探性地喝了一口，发现泉水甘甜无比，于是，陆续有人来喝泉水，据说，喝过泉水以后，原本身患疾病的人竟然无药而愈，年老体弱的人变得目清耳明。不少大活佛以及朝佛者均以能在此洗脸并饮此泉水为幸事。从此以后，神奇的泉水给甲玛乡的人民带来了安康，使这里人口迅速增长，成为西藏这一地广人稀之地的唯一例外，人称赤康，意为"万户之地"。20世纪90年代，考古工作者曾在泉水旁边的强巴敏久林宫遗址中，发掘出古老的藏式围棋棋盘等文物，封存已久的历史之谜逐渐被世人揭开。

据藏学大家刘立千先生考证，从敦煌版的《吐蕃历史》来看，赞普在夏秋之季多在墨竹工卡度过，冬季住在桑耶扎玛。拉萨虽有宫堡，却不常居。再从地图上看，甲玛乡和桑耶寺只相隔一座山，所以，甲玛乡到桑耶寺之间应有一条古道，吐蕃时期，便是一条交通要道。据说，莲花生大师也曾走过此路线。现在，这条路线已成为游客们十分推崇的徒步旅游线路。甲玛乡左边公路一直往上前行，半山腰上有个经幡密布的遗址，那便是宁玛大师隆钦绕隆的修行之地。再往前走，就是莲花生大师的修行溶洞了。

强巴敏久林宫随着历史风霜的侵袭，地面的痕迹早已不存，但为了纪念松赞干布这位伟大的赞普，今人在该地修建了松赞干布纪念馆，以复原展示等方式回顾那段惊心动魄的历史，也向人们讲述拉萨城的建立过程。

吞弥·桑布扎故居

吞弥·桑布扎故居现位于拉萨市尼木县吞巴村，建于1300多年前的吐蕃赞普松赞干布时代。1959年西藏民主改革时，三户穷苦的农民受到政府关照住进了一所大院，大院宽大的正屋后来被当作粮食仓库。2003年9月，吞巴村的村民白玛桑珠清扫房屋，将贴满正中间大屋墙上的报纸揭去，并清洗了以前粉刷的白灰，惊奇地发现墙面布满色彩斑斓的壁画，墙上壁画所画的吞弥·桑布扎旧宅竟和现在这所农家院落格局一般无二。由此，西藏传统文化的鼻祖吞弥·桑布扎的故居被发现。

故居主要为土木结构二层建筑，现今还保存着面积不大但极具史料价值的壁画。故居内原有三座及屋顶的水转经桶。故居壁画绘有松赞干布、吞弥·桑布扎、十二因缘图和佛祖、度母、观音、藏传佛教各大护法神及故居原风貌图等丰富内容，具有很高的历史和艺术价值。2007年，吞弥·桑布扎故居被列为自治区级文物保护单位。

拉萨市尼木县吞巴村景色优美，古树参天，溪流潺潺，绿草莹莹。此地至今还保留着传说是吞弥·桑布扎发明的藏香、藏纸和雕版制作工艺，因此，尼木县吞巴村也被称为藏文字、藏香、经版雕刻的发祥地。吞弥·桑布扎在吞巴村苦心研习时，见以农业生产生活为主的老百姓异常艰辛，便传授他们藏香制作的工艺技术，以改善乡亲们的生活。吞巴村水利资源丰富，地势陡峭，吞弥·桑布扎便因势利导，发明了木制的藏香加工机械。这种机械以水为动力，设计精巧独到，令无数当代人叹为观止。村庄里几乎每条溪流上都有旋转的水车，水车木叶带动木夯，把柏木片打磨成用于制作藏香的泥粉。除了每家每户都制作藏香之外，许多村民家里还有制作藏纸和雕刻木经板的小手工作坊，其制作方式，千余年来延续至今，成为西藏传统文化的精髓。

拉让宁巴大院

拉让宁巴大院位于拉萨市八廓街内，历史上称"吞巴"，是现行藏文的创制者、松赞干布时期吐蕃最有名望的重臣吞弥·桑布扎的府邸。15世纪西藏著名的宗教家、格鲁派创始人宗喀巴大师曾在此居住。17世纪，第五世达赖喇嘛将此作为寝宫，在大昭寺顶楼新修寝宫后搬出，将原来的寝宫称为"拉让宁巴"（"拉让"意为"活佛的寝宫"；"宁巴"意为"旧"）。大院属拉萨市最早的古建筑之一，是具有藏民族建筑特点的一座拉让。建筑为二楼一底藏式平顶土木石结构，一层二层结构相似，三层最北侧建筑内用隔墙隔成四个房间，其右侧房屋前部设过道，房内立四柱，据传此房间在传召大法会时宗喀巴大师曾住过，其他大部分房屋内用隔墙分成数间小房子，大致结构与二层相同。

黄房子

黄房子位于拉萨市八廓街内，与六世达赖有关。六世达赖喇嘛具有很高的文学修养，其抒情诗集《仓央嘉措情歌》在西藏民间广为流传。传说在几百年前的一天，六世达赖喇嘛来到坐落在古城拉萨八廓街东南角的一幢藏式酒馆里，恰巧这时一位清纯美少女也不期而至，她美丽的容颜深深地印在了六世达赖的心里。从此，他常常光顾这家酒馆，期待与这位月亮姑娘的重逢。但遗憾的是，这位月亮少女再也没有出现过。六世达赖喇嘛为追忆月亮少女而写下了脍炙人口的诗句：

在那东方的山尖	升起那明月皎颜
玛吉阿玛的面庞	浮现在我心田

玛吉阿米拉萨店（黄房子）

这首诗或者情歌就出自六世达赖喇嘛的传世之作《仓央嘉措情歌》。这段情歌还引出一个更为重要的内容——八廓街上的黄房子。拉萨八廓街曾经有 10 个黄房子，都同仓央嘉措的风流韵事有关。在河坝林老街东侧有座两层的黄色藏式小楼，名叫"顿苏色康"，意思是大经旗杆旁边的黄房子。民间传说，这就是六世达赖喇嘛的其中一个情人住过的地方。另一个现存的即是玛吉阿米拉萨店所在的地方。据说当年仓央嘉措与那位少女就相遇在这座藏式酒馆，如今仍旧坐落在拉萨八廓街的东南角上。

甘丹康萨

颇罗鼐的故居即甘丹康萨，始建于明嘉靖七年（1528）。原大院现分为东、南、北三院，为四层石木建筑。原甘丹康萨于道光五年（1825）在新建错美林寺时迁建到寺东北约 20 米处，为一楼一底藏式土石木平顶结构。甘丹康萨于 1995 年被拉萨市政府公布为"市、县级文物保护单位"。后期甘丹康萨于 20 世纪 90 年代被拆毁，现仅存原建筑位于东院内的古井一口，其余建筑无存。古井位于西藏自治区拉萨市城关区吉崩岗办事处热莫齐委员会甘丹康萨一巷。古井口为方形，井口宽约 1.18 米，井深 1.9 米，井口高出地面 0.65 米。井已无法取水。

颇罗鼐生于康熙二十八年（1689），历任西藏地方宗本、噶伦等职务，被清廷封为贝子、贝勒、郡王，先后总理全藏事务 20 年。他的一生，历经康熙、雍正、乾隆三朝，参加了数次战争：康熙五十六年（1717）反击蒙古准噶尔军侵扰西藏的斗争；雍正元年（1723）协助清军围剿青海罗布藏丹津的叛乱，防止其战火蔓延西藏的战斗；雍正五年（1727）平息西藏地方政府上层噶伦间相互残杀、争权夺势的斗争等。在这些战斗中，他总是坚定不移地站在维护祖国统一、维护民族团结的立场上，坚决反对分裂，与叛乱势力进行不懈的斗争。当准噶尔部汗王借口向西藏伸展势力，提出非分要求时，他以"未奉大皇帝谕旨，何敢擅行"的严正立场，断然拒之，并以西藏在清王朝的关心下，人民如此安居乐业的生动事实晓之以理，劝诫准噶尔部汗王不要背叛中央政府等。颇罗鼐不仅在风云变幻的动荡战争岁月里对祖国、对人民"恪尽忠诚"，在和平环境下的百废待兴的建设事业中，他也依然如此。雍正六年（1728）七世达赖喇嘛离开拉萨避居战乱，驻锡泰宁（今四川甘孜道孚）以后，他协助驻藏大臣经营边陲西藏，总理西藏政务近二十年，直至生命的最后一刻。其间，他通过在政治、经济、军事和宗教等多方面孜孜不倦的努力，励精图治，力革时弊，终将西藏从多年战争深渊中解脱出来，原先生产凋敝、经济拮据、民不聊生的困境大为改善，代之出现的是地方社会秩序安定，生产发展，仓廪丰实，政教蕃盛，人物富庶，百姓安乐的可人景象。他不仅缓和了日益尖锐的社会矛盾，而且促进了多民族国家的统一大业，因此颇罗鼐也深得清廷的嘉奖和赏识，累官爵台吉、扎萨克一等台吉、孜本、噶伦、固山贝子、贝勒、多罗贝勒、郡王等。

冲赛康

冲赛康大院始建于清代，是一座具有浓郁藏式传统建筑特色的居民大院，最初成为彭措热丹班觉，据传六世达赖喇嘛及拉藏王曾住过，后米旺颇拉将房子赠予驻藏大臣。雍正五年（1727），清朝内阁学士僧格、副都统马喇抵达拉萨入住彭措热丹班觉，这座府邸成为驻藏大臣最初的衙门，并改名为冲赛康。

乾隆十五年（1750），驻藏大臣傅清和拉布敦于十月十三日将珠尔默特那木札勒诱到冲赛康当地正法，而跟随他的罗布藏扎什侥幸逃走，而后聚集数千兵士围攻冲赛康。结果，傅清、拉布敦二位大臣罹难。

傅清、拉布敦死后，乾隆皇帝下令将冲赛康改建为双忠祠。双忠祠建成42年后，傅清的侄儿、大将军福康安统率大军入藏击败廓尔喀人的入侵之后，专门对双忠祠进行了全面修缮，并在门廊下刻写了五块碑文，记录曾经的血腥事变。现五块碑文被收藏于西藏博物馆。1911年以后，双忠祠被用作拉萨市警察局的宿舍。后来这栋房子的西院成为不丹的官方代表每年来拉萨致敬和送礼时的住所。再后来，整栋楼被分成若干个小单元，作为公房分配给市民居住。

如今的冲赛康是西藏著名的商品集散地，是拉萨市最大的小商品批发市场，经营着上万种商品。来自大江南北，操着不同口音的汉、藏、回、维吾尔等不同民族的生意人云集于此，各种吆喝声随处可闻。冲赛康永远不乏繁忙热闹的景象。

雪林·多吉颇章

雪林·多吉颇章，旧称雪策林卡，为班禅大师来拉萨的驻锡之地，也就是班禅大师在拉萨的行宫，位于西藏自治区拉萨市城关区吉崩岗办事处金珠路62号，于2007年被公布为自治区级文物保护单位。

1956 年，周恩来总理特批资金专门为第十世班禅大师修建雪林·多吉颇章，同时修建的还有西藏自治区筹备委员会办公大楼。两者比邻而居，显示了班禅大师在国家领导人心中的地位。该建筑是一座集藏式、汉式以及当时对中国影响很大的苏式三种建筑风格于一体的现代水泥二层平顶房，坐西朝东，一层为接待室及保卫人员住处，二层为会议厅、经堂、卧室、办公室及随从僧众的僧舍、班禅老师的房间及班禅父母的房间等。颇章的布局和结构设计也很富有人情味，除宫殿外，还有三座附属楼和车库、职工住楼等建筑，同时建筑内部走廊宽敞，房屋高大气派，房间也都显得很开阔，很有现代建筑的气息，门厅两侧的近两层楼高的壁画也是内容丰富、笔法细腻，更为珍贵的是，里面还有不少第十世班禅曾经用过的书桌、字典、茶杯等真实物品，以及他修行、讲法的宝座，从而使很多藏族同胞在此顶礼膜拜。

这座行宫最初的主人是第十世班禅额尔德尼·确吉坚赞。20 世纪初，由于各种原因，西藏上层达赖集团与班禅集团之间存在严重矛盾。第九世班禅额尔德尼于 1923 年被迫离开西藏日喀则，避居内地，一直不能返回西藏。1949 年 6 月，第十世班禅继任后，仍留居青海等地。1951 年 5 月 23 日，在中南海勤政殿，中央军委办公厅主任张经武、十八军军长张国华和西南军政委员会秘书长孙志远等人，以中央人民政府全权代表的身份，与阿沛·阿旺晋美等西藏地方政府的代表签订了《中央人民政府和西藏地方政府关于和平解放西藏办法的协议》（简称"十七条协议"）。"十七条协议"签订后，班禅入藏问题被提上日程。"十七协议"的第五条明确指出："班禅额尔德尼的固有地位及职权，应予维持。"1951 年 9 月 19 日，第十四世达赖致电第十世班禅，欢迎他返藏回寺。12 月 15 日，中共西北局书记、西北军政委员会副主席习仲勋从西安抵达西宁，代表毛主席、中央政府和西北军政委员会专程前来欢送班禅启程返藏。班禅一行经过四个月的长途跋涉，于 1952 年 4 月 24 日抵达拉萨东郊的吉日。4 月 28 日第十世班禅进入拉萨。同一天，第十四世达赖喇嘛与第十世班禅举行了第一次会见。这是自第十三世达赖喇嘛与第九世班禅失和以后，历经 29 年由第十四世达赖喇嘛与第十世班禅实现了两大活佛的会面，在西藏民族内部大团结的路上迈出了重要的一步。1956 年，中央特批为第十世班禅大师修建雪林·多吉颇章，并以此作为其在拉萨的行宫。

1989 年 1 月 9 日，班禅额尔德尼·确吉坚赞到西藏自治区日喀则市扎什伦布寺主持第五世到第九世班禅大师遗体合葬灵塔祀殿——班禅东陵扎什南开光典礼活动，因操劳过度心脏病突发，于 1 月 28 日在日喀则市他的新宫德庆格桑颇章逝世。班禅大师在世 51 个春秋，在半个多世纪的人生中，他为祖国统一和民族团结、为藏传佛教的发展做出了巨大贡献。他是藏传佛教杰出的领袖，伟大的爱国主义者。

第十世班禅大师圆寂后，国务院于班禅大师圆寂 3 天后做出《关于第十世班禅大师治丧和转世问题的决定》，由扎什伦布寺主要活佛、堪布、高僧组成的寻访班子通过占卜、观湖、

秘密寻访等宗教仪轨，遴选出 3 名班禅转世灵童候选人，报经
西藏自治区人民政府并呈请国务院批准，于 1995 年 11 月 29
日在拉萨市大昭寺通过金瓶掣签认定了西藏那曲地区嘉黎县 6
岁男童坚赞诺布为第十世班禅额尔德尼转世真身。金瓶掣签
后，转世灵童拜高僧波米·强巴洛珠为师，波米·强巴洛珠按
宗教仪轨为转世灵童剃度，取法名为吉尊·洛桑强巴伦珠确吉
杰布·白桑布。1995 年 11 月 29 日（藏历木猪年十月八日）
下午，国务院特准坚赞诺布继任为第十一世班禅额尔德尼，册
立仪式在雪林·多吉颇章举行。由此，雪林·多吉颇章成为从
政治上确立第十一世班禅大师合法地位的地点，在班禅大师的
信徒心中享有较高的地位。

3 著名寺庙

查拉鲁普石窟

　　吐蕃时期开凿的佛教石窟，又称帕拉路甫，位于拉萨市药
王山东麓山腰，距地面 22 米，始建于 7 世纪 40 年代，由松赞干
布时期的茹雍妃（洁莫遵）主持开凿，历经 13 年完成。石窟依
山而凿，其平面形状为不规则的长方形，面积 27 平方米，洞口
高 2.56 米，宽 4.45 米，最宽处 5.5 米。石窟内有中央石柱造
像、南壁造像、北壁造像、西壁造像。石窟形制属于早期支提
式石窟，魏晋南北朝及隋唐时期较为流行，中亚、西域与中原
地区等均有流布，唐代以后较少见。石窟入口朝东，与大昭寺
相望，中心为一柱，从柱到洞壁是宽 0.75~1.3 米的转经廊。石

窟的中央石柱和南、北、西三壁上有造像71尊,除两尊泥塑外,余皆为石刻像。在71尊造像中,吐蕃时期造像47尊,其表现手法受印度、尼泊尔雕刻影响,具有吐蕃早期雕刻风格。1962年第十世班禅确吉坚赞出资维修,1979年吐登旺久对石窟进行维修。1996年,查拉鲁普石窟被列为自治区级重点文物保护单位。

大昭寺

大昭寺位于拉萨市老城区中心。大昭寺,藏语全称"惹萨垂朗祖拉康",意为"羊土城变经堂",简称"祖拉康""觉康",意为"佛祖之殿"。清代汉文史籍曾称大昭寺为"伊克昭庙",系蒙古语"大庙"之意。大昭寺始建于唐贞观二十一年(647),由吐蕃松赞干布的两个王妃,即尼泊尔赤尊公主和唐文成公主共同主持兴建。据藏文史籍记载,寺内原供奉赤尊公主带到吐蕃的释迦牟尼8岁等身像。8世纪,唐金城公主远嫁吐蕃后,将其移置小昭寺,而将文成公主带入吐蕃的释迦牟尼12岁等身像,藏语称"觉卧佛"自小昭寺迎至该寺供养。唐代时期,大昭寺规模不大,仅有8个殿堂用来藏经、供佛,不从属于任何教派。15世纪,宗喀巴创建格鲁派后,寺庙香火日渐繁盛。17世纪,五世达赖喇嘛对大昭寺进行大规模扩建和修葺,每年在大昭寺举行祈愿大法会。五世达赖喇嘛圆寂后,第巴·桑结嘉措继续对其进行扩建,增建了许多佛堂,大昭寺形成了规模庞大的建筑群。

大昭寺坐东向西,占地面积为2.51万平方米,寺内保存吐蕃时期壁画和大量珍贵文物。大昭寺主要建筑为佛殿,高四

花团锦簇的大昭寺广场

层，上覆金顶，辉煌壮观，具有唐代建筑风格，也吸收了尼泊尔和印度建筑艺术特色，是西藏最古老的一座仿唐式汉藏结合木结构建筑，也是西藏现存最辉煌的吐蕃时期建筑。大昭寺建筑大体由门廊、庭院、佛殿、回廊、天井及分布在四周的僧舍等组成。其中佛殿是大昭寺的主体建筑之一，佛殿内有释迦牟尼殿、无量光佛殿、强巴佛殿、千手千眼观音佛殿、释迦牟尼不动金刚佛殿、法王拉康等8座。

大昭寺内藏有大量的历史文物和艺术珍品，如各种铜造像、唐卡、理塘版朱印《大藏经》等。大昭寺壁画有4400余平方米，这些壁画不仅以内容丰富和面积之大而著称，而且代表了吐蕃和第五世达赖喇嘛两个重要时期的壁画艺术特色，具有较高的艺术价值。

大昭寺在藏传佛教寺院中，规模不大，但其地位和影响力独占鳌头。拉萨市老城区就是以大昭寺为中心而形成。大昭寺是一座供奉众多佛像圣物供信徒膜拜的殿堂，是西藏佛教徒心目中的神圣殿堂。平时，信徒们的礼佛朝觐转经活动集中在这里进行。西藏、青海、甘肃、四川等各藏区信徒不远万里到拉萨大昭寺释迦牟尼12岁等身像前朝拜。大昭寺还是藏汉民族团结友好的印证。崇祯十五年（1642）第五世达赖喇嘛建立甘丹颇章政权后，噶厦政府的办事机构便设于大昭寺内。从此，西藏许多重大政治、宗教活动都在大昭寺内释迦殿释迦牟尼佛像前举行，如金瓶掣签仪式等。西藏一些重大节庆活动、法会佛事也在这里举行，如每年藏历正月大祈愿法会。1961年大昭寺被列入首批全国重点文物保护单位。1994年国家拨巨款对大昭寺进行大规模维修。2001年，大昭寺被列入世界文化遗产名录。

小昭寺

小昭寺位于拉萨市八廓街北，是藏传佛教格鲁派寺院，又名"甲达热木齐祖拉康"，意为"汉虎神变寺"。小昭寺是汉语称谓，小，相对于大昭寺而言；昭，是藏语"觉卧"的音译，意为佛。小昭寺始建于7世纪中叶，坐西朝东，占地面积约4000平方米。著名的拉萨上密院也设在小昭寺内，为格鲁派僧人修习密宗的地方，上密院堪布兼任小昭寺住持。寺内曾供奉文成公主带到拉萨的释迦牟尼12岁等身像，后移至大昭寺，改供奉尼泊尔赤尊公主带到吐蕃的释迦牟尼8岁等身像。寺内壁画、彩绘和金银饰物甚多，多以佛像和人物传记、历史故事及民俗等为内容，色泽艳丽，体态生动。自1694年起，每年藏历三月，小昭寺都要举行纪念第五世达赖喇嘛的隆重法会。1962年，小昭寺被列为自治区重点文物保护单位，2001

年被列为全国重点文物保护单位。

小昭寺上覆金顶，建筑形式仿汉族寺庙，金碧辉煌，极为精美，后遭火灾焚毁，原貌荡然无存。元明清时期，小昭寺几经修复，改仿唐式为藏式结构。明末，寺内扩建僧舍，并被作为上密院习经所。"文革"期间，寺遭破坏，今已按元、明时期修复。1986 年寺院进行大规模维修，由神殿、门楼和转经回廊组成。

寺内原有高 0.4 米的铜镀金能仁戒佛一尊，高 0.45 米的三头六臂藏巴拉、六臂依怙唐卡各一副，人头颅骨（法器）一个，现均已散失。小昭寺现存的部分重要文物有高足灯、铜菩萨、莲花生铜像等。

甘丹寺

甘丹寺位于拉萨市达孜县境内。藏传佛教格鲁派六大寺之首。甘丹，系藏语音译，意为"兜率天"，即未来佛弥勒所教化的世界，又名噶登寺、噶丹寺、噶勒丹寺。明永乐七年（1409），由格鲁派创始人宗喀巴主持修建的第一座格鲁派寺院，与其后建的哲蚌寺、色拉寺并称"三大寺"。翌年，宗喀巴主持开光仪式，并担任第一任甘丹赤巴。甘丹寺共历 97 任赤巴。寺内保存了许多稀世珍宝。

甘丹寺坐落在旺古尔山顶，依山而建，坐西向东，占地面积为 15 万平方米，建筑面积为 7.75 万平方米。主要建筑有措钦大殿、赤多康、阳八犍经院、司东康、扎仓、康村、密村以及佛堂、僧舍等，此外还有 23 个康村，共有建筑 121 幢。寺内所有佛具、法器、经典、唐卡以及琳琅满目的壁画、雕饰精

甘丹寺外景

美的梁柱等都是珍贵的文物精品。其中，清乾隆皇帝所赐的盔甲和明永乐皇帝所赐的锦缎绣塘最为著名。

在黄教六大寺院中，甘丹寺具有非常重要的地位，它是藏传佛教六大寺的祖寺，系格鲁派第一座寺院。甘丹寺的建成标志着藏传佛教格鲁派在宗喀巴宗教改革的基础上创立起来。就寺院建筑来说，甘丹寺是一大变革。格鲁派以整顿教规、严格戒律、改革寺院组织、制定学经制度而闻名。寺院的经学院性质更为明确，因此措钦、扎仓、康村建筑，以及寺院的总体布置，都是围绕学经而展开的。为了适应这种功能需求，建筑上出现了许多新的特征，对以后的寺院建筑发展带来了深远的影响。甘丹寺在政治、宗教、建筑、艺术等方面也都占有重要的地位。1961 年甘丹寺被列为全国重点文物保护单位。"文革"期间，寺院遭到毁灭性破坏，寺内文物洗劫一空。20 世纪 80

年代以来，国家拨出专款对甘丹寺进行修复。

甘丹赤巴是享有崇高威望的僧职称谓。赤巴，藏语意为
"法台"或"座主"，是掌管全寺一切宗教活动或事务的负责
人，是从全寺主要扎仓堪布中举荐具有渊博佛学知识、德高望
重的高僧担任。格鲁派创始人宗喀巴筹建甘丹寺，并担任第一
任赤巴，最终圆寂于此。其弟子贾曹杰传承该寺法台，为第二
任甘丹赤巴。因甘丹寺系格鲁派祖寺，所以甘丹赤巴也是整个
格鲁派的住持，他在藏族社会中享有很高的地位，仅次于达赖
喇嘛和班禅。历史上不少寺庙的赤巴由寺主活佛来兼任，其宝
座设在各寺庙大经堂内，大经堂是藏传佛教寺庙中的最高权力
机构。在前代达赖圆寂、新达赖亲政前，甘丹赤巴有资格出任
原西藏地方政府的摄政，代行达赖喇嘛的政教职权。光绪三十
年至宣统元年（1904～1909），第十六任甘丹赤巴罗桑坚赞担
任摄政。至 1959 年，甘丹赤巴共传承了 96 代。

热振寺

热振寺位于拉萨市林周县塘果乡境内。热振寺属于藏传佛
教噶当派祖寺，1056 年由阿底峡大师弟子仲敦巴创建，为噶
当派第一座寺院。热振寺专门修习噶当派密法，并以本寺为中
心，逐渐形成噶当派，故又称"创始寺"。热振寺的学经制度
是以阿底峡的《菩提道灯论》为基础，强调僧人的戒律，强
调修行次第。修习的主要经典是"噶当六论"。该寺改宗格鲁
派后，仍保留了不少噶当派的教理。1951 年寺院部分建筑毁
于地震，其余在"文革"期间全部被毁，20 世纪 80 年代后重
建。每年藏历四月十五日，热振寺举行苦尤曲巴（布谷鸟供

佛）法会。每逢猴年七月十五日，热振寺还要举行帕崩唐果节，意为"转神魂磐石节"，届时上万人云集，转经朝佛，观看神舞。1962年，热振寺被列为自治区级文物保护单位。

热振寺占地面积约25亩，主要建筑有主殿和热振拉章等。热振寺不同于其他格鲁派寺庙，寺内未设扎仓和康村，寺内一切政教大权均掌握在热振活佛手中。热振寺初期由仲敦巴的弟子进行师徒相承。18世纪第七世达赖封其经师阿旺曲丹为热振寺呼图克图，成为第一世热振活佛，从此开始通过转世的方法相承。热振寺活佛之下设堪布1人，主要代理热振活佛之职，掌管全寺政教事务，任期不定。堪布之下设吉米1人掌握财政，任期3~4年。吉米下设格贵1人，主管全寺喇嘛之清规戒律，有权处置寺内喇嘛，任期1年。格贵下还有聂巴和恰玛，他们掌管寺内钱粮物品和放茶施粥等。热振寺有热振拉章和拉萨拉章，设管家1人代理热振活佛之职，管理两座拉章内的一切事务。热振活佛任摄政王期间，常住拉萨拉章内，拉萨拉章各级官员均为四品。热振寺刚建寺时只有56人，后来发展到有扎巴500人、所属庄园33座、属寺7座，属寺分别是曲桑寺、甘岗寺、江龙曲定寺、党丹寺、桑林寺、孜聂寺、关衮寺。另有3个牧场，分别是当雄的乌玛牧场、那龙香牧场、果聂牧场。

楚布寺

楚布寺位于拉萨市堆龙德庆县那嘎乡境内。楚布寺为藏传佛教噶玛噶举派黑帽系主寺、历世噶玛巴驻锡地。汉文有"粗朴寺""楚浦寺"等称。南宋淳熙十六年（1189）

由噶玛噶举派创始人都松钦巴创建，与噶玛丹萨寺并称噶玛噶举派上、下二寺。活佛转世制度始于该寺，后被其他教派所推广。

楚布寺全景

楚布寺初建时规模不大，二世噶玛巴·噶玛拔希即位后，对该寺大加扩建，兴建大殿及众多佛像、佛塔，用金银汁书写《甘珠尔》，使该寺影响大大超过噶玛丹萨寺而成为黑帽系根本道场，延续至今。明永乐八年（1410）寺庙毁于地震。永乐十二年（1414）五世噶玛巴·得银协巴主持重建。寺院坐北朝南，南、西、北三面环山。寺院建筑以五层大殿（文殊殿）为中心，四周环绕4个扎仓，并由经堂、神殿、僧舍及喇让、静室等建筑群组成一座雄伟壮观的古老佛刹，还有正在修复建设中的较具规模的讲经台等建筑。寺内有僧侣300余人。楚布寺拥有大量稀世文物，其中江浦寺建寺碑位于楚布寺大殿内，高约2.5米，宽约0.5米，上刻古藏文，对研究吐蕃时期政治、经济、宗教等有重要的史料价值；空住佛是楚布寺镇寺之宝，是第八世噶玛巴为纪念其上师而塑造的银像；楚布大佛高约 6 米，相传为二世噶玛巴所铸。此外，玛恰噶拉石刻塑像、米拉日巴曾用过的钵、都松钦巴僧帽等都是楚布寺极其珍贵的宝物。1992 年 9 月第十七世噶玛巴活佛赤列多吉在楚布寺举行坐床典礼，成为 1949 年后第一位藏传佛教转世活佛。1962 年，楚布寺被列为自治区级文物保护单位。

雄色寺

雄色寺位于曲水县才纳乡尼布热堆村，拉萨河南岸半山腰处，海拔 4100 多米，是目前西藏境内最大的一座尼姑寺院，距离首府拉萨市约 43 千米，距县城 44 千米。雄色寺，或译"香色寺""秀色寺"，意思是"古松林中"，传说 1000 年前这里有一片茂密的松树林，林中有口甘甜的泉眼，泉水旁边栖息着许多珍禽异鸟，吸引了附近村庄的百姓前来朝拜、敬香。由此，这里逐渐成为著名的佛教朝拜地。

12 世纪，藏传佛教噶举派祖师帕珠·多吉杰布曾派弟子克贡·曲吉僧森格在这里建立了第一座寺院，该寺院成为噶举派八个支系之一香巴噶举的中心。两百年后，著名的红教僧人贡结朗钦巴从藏东来到这里修炼，雄色寺由白教（噶举派）改成了红教（宁玛派）修行的圣地。贡结佛法造诣高深，其著作《朗钦宁底》至今仍为宁玛派教徒的重要经典。

18 世纪初，新疆准噶尔蒙古部落首领次仁顿多率骑兵入侵西藏，声言扶持格鲁派，极其残忍地摧毁红教和白教寺院。雄色寺首先遭到蒙古铁骑的践踏，经书、佛像洗劫一空，僧人遭到杀戮，剩下的四处逃亡，自此，雄色寺成为一片废墟。

后来有一位女乞丐，人们称她"玛尼洛钦"，意为"念六字真经的大师"，走遍雅隆河谷、雅鲁藏布江边，到处化缘乞讨，欲从废墟上重建被毁的雄色寺。经过数年的艰苦努力，一座废了百余年之久的著名寺院，又在古柏丛生、岩洞栉比的圣山上重新建起，寺院规模超过以往。此后，玛尼洛钦把过去的喇嘛寺改成了著名的尼姑寺。

雄色寺主要分为僧舍区和佛殿区两大部分，僧舍主要分布在离经堂不远的山坡上；经堂建在僧舍前的一块平台上，主要建筑有白塔一座，大经堂一座，另大经堂右前建有一小经堂或称藏经室，其建筑规模都不是很大。1984 年寺院修复开放，建筑保存完好。雄色寺在国内外有较大影响力，集中反映了当时的社会状况和妇女地位，曾有多位国内外学者多次到该寺进行考察和学术研究。历史遗留下来的前世活佛高僧修行洞，现仍有僧尼在此闭关修行，是该区为数不多的、仍然有僧尼闭关修行的寺庙之一。每年 4~10 月，该寺沿途自然景观优美，山清水秀，鸟语花香，苍鹰翱翔在蓝天白云之间，野兔、山鸡出没于林间小溪，向远处眺望，山景水色尽收眼底，令人心旷神怡。

清真寺

清康熙、乾隆年间，伊斯兰教随印度、克什米尔、尼泊尔等国家和地区的穆斯林商人传入西藏。藏人称他们为"甲卡基"，"甲"即"汉人"，"卡基"乃"克什米尔"的译音，因为以往进入西藏的穆斯林多为克什米尔人。

西藏共建有 6 座清真寺，分别为拉萨小清真寺、卡基林卡东清真寺、卡基林卡西清真寺、河坝林清真寺（大清真寺）、绕赛巷清真寺和朵底清真寺。

拉萨小清真寺是小寺系统穆斯林的第三座礼拜堂，位于大昭寺东南绕赛居委会内，是20世纪20年代专为城内的印巴（主要是克什米尔一带）、尼泊尔诸国穆斯林礼拜而修建的。小清真寺的主体建筑礼拜堂坐西向东，为藏式建筑。1959年前，小寺系统拥有阿訇多达30名。他们多在拉萨土生土长，也多是受学于拉萨。1959年，西藏叛乱中，小寺系统基本上没有受到冲击。1960年上半年，西藏工委制定针对小寺系统穆斯林的国籍认定细则并实施。

卡基林卡，藏语意为回族园林，是拉萨回民的一个聚居点，初建于康熙五十五年（1716），位于拉萨市西郊。卡基林卡有清真寺、回民住宅和回民墓地。卡基林卡有2座清真寺，一东一西，相距几十米。回民墓地南北长320米，东西宽200米，面积6.4万平方米，保存墓碑23通，其中清代碑16通，民国碑1通，现代碑6通。清代碑的碑文中标明墓主籍贯的有5通。

河坝林清真寺是拉萨地区最大的清真寺，又称大清真寺，位于拉萨市东南，始建于康熙五十五年（1716），最初规模不大，建筑面积200余平方米，乾隆五十八年（1793）进行了维修和扩建。1959年西藏发生叛乱，大清真寺被毁，次年集资重建。大清真寺总面积2600多平方米，建筑面积约1300平方米，主要由大门、前院、宿舍、宣礼塔、礼拜堂和浴室等组成。大清真寺的主体建筑礼拜堂建在高1米的台面上，坐西朝东，共 13 柱，东西长 22.6 米，南北宽 12.6 米，建筑面积 285 平方米。龛北侧置放一木制座椅，为阿訇宣经之座。礼拜堂可容纳 250 人。

关帝庙

藏族称汉·格萨尔殿。在我国广大的藏族地区，由于藏汉历史上宗教文化交往密切，历史上著名的武圣关羽，也被立庙加以敬祀，藏族群众往往把关羽和格萨尔王同样对待，把关帝庙称为"格萨拉康"。到 20 世纪 60 年代初，西藏各地尚保存有关帝庙 10 座左右，主要分布于拉萨、日喀则、定日、江孜等地以及军事要塞、交通要道。清乾隆晚年，藏族地区多建有关帝庙，庙中正殿供关公，后殿供格萨尔王。关帝庙是汉、藏文化交流的结果。

磨盘山关帝庙，位于拉萨布达拉宫以西的磨盘山上。因庙内供奉塑像与藏族英雄史诗中格萨尔王相似，又名"格萨尔拉康"，意为格萨尔神庙。乾隆五十六年（1791），清军驱逐廓尔喀军后，由福康安主持修建。关帝庙属汉式建筑，坐北朝南，建筑面积约 800 平方米。整座建筑以主殿和文殊殿为主。殿内供有关羽、张飞等人的泥塑像。磨盘山关帝庙的演变是汉藏文化交流、融合的典型实例。寺庙建筑虽然是内地风格，但寺庙内所供佛像却是纯粹的藏族风格。

磨盘山关帝庙碑是磨盘山关帝庙内现存最重要的文物。碑首已掉落地上，然而尚完整。碑通高 3.04 米，宽 1.18 米，厚 0.29 米。碑文由福康安撰写，立于乾隆五十八年（1793），记述了打败廓尔喀入侵者的经过和建庙缘由。关帝庙中原悬挂有清朝驻藏官兵历年所献的 50 余方木匾等，今已散失。1995 年，该庙被列为县级文物保护单位。

在后藏的日喀则和山南地区的乃东县等地都曾有关帝庙及建庙碑。

拉萨关帝庙内景

六 史迹概说

拉萨在千年变迁中不仅留下了丰富的文字史料，而且还留下了众多的遗址史迹，包括文物古迹、会馆商号和革命史迹，这些陈列于多处的史迹或遗址向世人展现了拉萨古城的兴替、变革的足迹。文物古迹记述了藏族及其先民们的活动，会馆商号再现了当年茶马古道上商业的繁盛，革命史迹展现了各族革命先辈奋斗的足迹。已记载于史册的文物遗迹既是过去的写照，也是未来的导航，激励后人为拉萨的发展、繁荣和进步而努力。

1 文物古迹

曲贡遗址

西藏新石器时代文化遗址。曲贡遗址位于拉萨北郊曲贡村，海拔 3680 米，是中国发掘海拔最高的一处史前文化遗址。遗址总面积 10000 平方米，发掘面积 3000 余平方米。发掘揭露的遗迹主要有灰坑和墓葬两类，出土遗物有玉石器、骨器、陶器、小件铜器以及大量的动物骨骼。曲贡遗址的年代下限为公元前1500年上下，上限为不晚于公元前1750年，年代跨度在距今3750~3500年。1984年，西藏自治区文管会在文物普查中发现曲贡遗址和石室墓地。1989年，中国社会科学院考古研究所王仁湘对曲贡遗址进行考察。1990年，中国社会科学院考古研究所西藏工作队与西藏自治区文物管理委员会联合组成发掘队，首次对曲贡遗址和墓地进行大规模的发掘，发掘面积为2337.5平方米。此次发掘明确了遗址的面积、文化堆积的时代和性质；1991年，对遗址进行了第二次正式发掘，发掘面积为75平方米；1992年，对遗址进行了第三次发掘，发掘面积为775平方米。1996年，曲贡遗址被列为自治区级文物保护单位。

曲贡遗址包括早期文化遗存和晚期文化遗存两部分。早期文化遗存主要有灰坑22座和墓葬3座及石器、陶器、骨器和铜器等。灰坑有圆形、椭圆形、葫芦形、圆角方形、带阶圆形等。墓葬形制均为土坑式，有长方形和方形两种。早期文化遗存主要有石器、骨器、陶器三大类，其他为小件青铜器。出土器物分为生产工具、生活工具以及动物骨骼。磨制石器包括磨盘、磨棒、研色石等。打制石器主要有敲砸器、砍砸器、石斧、手斧等。细石器包括石核和石叶。主要石料为砾石、灰色角岩、角页岩、花岗岩、石英、水晶、燧石等。晚期文化遗存共出土19件石器生产工具，以石铲、犁形器、双肩石器等为代表。制作方法以打制或磨光为主。晚期发掘土坑石室墓29

座，墓坑内用砾石块堆垒成壁，没有顶盖及底板。陶器为主要
的随葬品，随葬陶器以圆底器居多，均为实用器，其中罐类器
居多。

曲贡村新石器时代遗址

　　曲贡遗址的文化内涵丰富独特，展示了西藏远古农牧部落
的文化，为探索雅鲁藏布江中游河谷地带的开发史提供了十分
重要的资料。从文化内涵的比较研究看，曲贡文化晚于以往在
西藏昌都发现的卡若文化。与曲贡遗址文化内涵相同的遗址，
在雅鲁藏布江中游河谷地带也有发现，如贡嘎县的昌果沟遗址
和琼结县的邦嘎遗址，都具有性质相近的文化堆积。由于曲贡
遗址是具有一定分布范围、富有特点的古代文化遗存，因此其
又被命名为曲贡文化。曲贡遗址青铜镞的发现具有很大意义。
首先，青铜镞的时代与中原夏文化和商文化相当；其次，青铜
镞为消耗品，以铜铸镞表明该地当时的青铜铸造业已有了相

当的发展；再次，青铜镞合金成分配置合理，表明当时已有较为发达的冶金科学理论；最后，青铜镞形态较为原始，遗址上还见到形状相同的玉镞，表明它应属当地产品，不是外地传入品。青铜镞的发现说明在距今4000年前，生活在西藏高原的藏族先民已经跨入青铜时代。曲贡遗址的发现，证明拉萨河谷的开发史可以上溯到新石器时代甚至更早。藏族先民在这里创造了悠久的文化，有了比较发达的农耕文明，其文明的进程应大体上与内地同步。拉萨曲贡遗址的发掘，有利于逐步建立西藏新石器时代文化的类型和编年体系。

布达拉宫

布达拉宫是西藏现存规模最大、保存最完整的古代宫堡式建筑群，是西藏的标志性建筑，是五世达赖以后历代达赖喇嘛的冬宫，亦为原西藏地方政府政教合一的统治中心。布达拉宫位于拉萨市中心的布达拉山之巅，初建于公元7世纪吐蕃王朝松赞干布时期。整个建筑群占地面积40余万平方米，由山上主体建筑红宫和白宫、山下的方城、山后的龙王潭组成。主体建筑为石木结构，藏族传统碉楼形式，共十三层。全部建筑高119米，东西长约370米，南北最宽100米，建筑面积5.77万平方米，房屋近千间。布达拉宫保存有珍贵的壁画、灵塔、雕塑等，是中国的一座艺术博物馆和文化宝库，对于研究西藏的政治、经济、历史、文化都具有重大的价值。布达拉宫在中国乃至世界古代建筑史上均占有重要地位，它是藏、汉等兄弟民族文化技术交流和伟大创造力的历史见证，是中国藏传佛教建筑中的一颗璀璨明珠，也是全人类共同的文化遗产，1961年被列为第一批全国重点文物保护单位。1994 年 12 月，布达拉宫被联合国正式列入世界文化遗产名录。

布达拉山，初名"红山"，藏语中的布达拉系梵语"普陀"音译，意指"脱离苦海之舟"，原意是指佛教传说中观世音的住所。在吐蕃时期，布达拉宫只是作为王室的宫殿而存在，并无香火。自五世达赖喇嘛受清顺治皇帝册封成为西藏政教首领之后，它不仅是宗教活动场所，也是达赖喇嘛的驻锡地。从此，布达拉宫成为西藏政教合一的宫堡建筑。

布达拉宫从初建至今，经过多个朝代变迁，仍屹立于布达拉山上。公元 631 年松赞干布时期始建布达拉宫，时称"红宫"。在王宫南侧修建赤尊公主寝宫，两宫之间以铁桥相连。在拉萨大昭寺回廊和布达拉宫白宫门厅北壁的壁画上，还保留有松赞干布时期的红山宫殿布局。7 世纪末期，布达拉宫遭火灾毁坏。8 世纪，布达拉宫又遭受雷击。此后，吐蕃先后遭受末代赞普达玛灭佛、吐蕃内乱等。其间，布达拉宫屡遭破坏，规模逐渐缩小，布达拉宫被纳入大昭寺，作为其分支佛堂进行管理。噶当派格西、萨迦派上师、历代噶玛巴、宗喀巴及其弟子都先后到布达拉宫进行宗教活动，布达拉宫一度成为纯粹的佛事活动场所。

明崇祯十五年（1642），在固始汗武力扶持下取得政权的五世达赖喇嘛，为巩固政教合一的甘丹颇章地方政权，决定在其旧址重建布达拉宫。清顺治二年（1645）重建工程开始。清顺治四年（1647），布达拉宫主体工程基本完成，顺治十年（1653）布达拉宫重建工程全部竣工。这次仅修建了一座七层

布达拉宫广场

高的白宫及四个城堡，即东大堡（藏文音译"夏金窨"）、凯旋堡（藏文音译"玉阶窨"）、福足堡（藏文音译"杰布窨"）、地母堡（藏文音译"丹玛窨"），红宫尚未扩建。在红山之南平地上还修建了一座夯土方城。康熙二十一年（1682），五世达赖喇嘛在布达拉宫圆寂。康熙二十九年（1690），第五代第巴桑结嘉措为纪念五世达赖喇嘛，主持扩建了红宫及五世达赖喇嘛灵塔殿，康熙三十二年（1693）为红宫扩建工程举行了隆重的落成典礼。布达拉宫成为西藏最大的政教中心和历世达赖喇嘛的驻锡地。此后历世达赖喇嘛的扩建又增加了五个金顶和一些附属建筑。但随后不断进行的扩建和改建，并未从整体上改变布达拉宫的布局。十三世达赖时期，宫殿再次扩建，主要建东日光殿和部分附属建筑，耗白银133万余两，历时8年竣工。十三世达赖圆寂后，噶厦为其在红宫西侧建"妙善如意"灵塔和灵塔殿，它们为布达拉宫最后修建的建筑。

　　布达拉宫自公元7世纪修建以来，特别是经过17世纪重建以后，虽然不断进行维修，但几百年来未曾做过大型的修缮。由于长期受到风雨侵蚀、虫蛀鼠咬、烟熏火烤、地震灾害，布达拉宫残损严重。1985～1988年，国务院先后多次派出专家和工程技术人员到布达拉宫进行实地勘查和测绘，并制订出维修方案。1989年年初，布达拉宫大型维修工程正式开始，1994年8月竣工，历时5年。维修工程110项，工程费用5300万元，是中华人民共和国成立以来，在古建筑维修中投资最多的一次。

　　布达拉宫建筑宏伟，包括红宫建筑、白宫建筑、寺藏壁画、寺藏雕塑、佛塔和灵塔等。红宫，藏语称"颇章玛布"，系供奉历世达赖灵塔和佛像的地方。宫内有五座灵塔殿和众多的佛殿，基本是一座宗教性的建筑物。它是布达拉宫的重要建筑之一，位于布达拉山顶建筑群的中心部位，东靠白宫，西邻扎仓，周围群楼拥簇，蔚为壮观。它因外墙涂红色，故称红宫。据《五世达赖灵塔目录》载：兴建红宫，所用材料及人工费用折银共1694836两；五世达赖灵塔费用折银1041828两；佛像、法器花费折银370191两；宗教活动费用折银6911两。红宫是一座多层建筑，原设计八层，现状九层，平面大致呈方形。第一至第四层沿山坡而筑，地垄墙空间做仓库用；第五层中心为西大殿，周围环绕四座殿堂，西大殿是红宫的中心；第六至第八层，中间部分系带回廊的内院天井，四周布置佛殿；第九层为金顶和辅助用房。红宫占地面积约3515平方米，总建筑面积16114平方米，它与前面的晒佛台等建筑构成一组很大的建筑群。红宫的南面，有一小广场，即西欢乐广场，平面呈长方形，东西长 40.7 米，南北宽 7 米，面积 280 余平方米。红宫建筑可分为佛殿、经堂、灵塔殿和其他建筑四个部分。其他建筑包括供养殿、普贤跟随殿、西欢乐广场、晒佛台、护法神殿、修法殿。红宫既是一座纪念性建筑，又是一座政治、宗教活动中心。设计者采用经堂、佛殿等不同的建筑空间组合，满足多方面的社会生活需求，具有多功能、公用性的特点和强烈的政治、宗教属性。驻藏大臣、达赖喇嘛和噶厦政府的许多重大活动，如金瓶掣签、坐床典礼、诵经礼佛、跳神法会等都在此进行。

白宫位于布达拉宫山顶中心部位，红宫的东面，是一座主楼前有庭院及围廊的建筑群。它因外墙涂白色，故称白宫。白宫是历世达赖喇嘛生活起居和处理政教事务的地方。主楼坐西朝东，高七层，中心为天井。白宫主楼前有一大庭院，名东欢乐广场，平面方形，面积 1400 余平方米，是每年举行跳神仪式和藏戏首演式等各种歌舞表演的场所。东欢乐广场东侧楼是僧官学校，系 7 世达赖于乾隆十九年（1754）为培养僧官人才而创办的学校。白宫建筑内容众多，由于设计布局合理、紧凑，整座建筑主次分明，互相联系方便。在布达拉宫建筑群里，白宫是一组重要的宫室建筑，它是根据当时政教需要而建造的，其建筑形制、布局方式，是以传统的习惯做法为依据，如吸取了历史上王朝的宫室建筑、明以后各地方政权所在地的宗山建筑（原西藏地方各宗的宗政府所在地）和一些贵族庄园的特点。其主要建筑有东有寂圆满大殿（东大殿）、东日光

殿、西日光殿，其中东有寂圆满大殿是历辈达赖举行坐床、亲
政等大典的殿宇。白宫内的建筑物大致可分为三类，一类是为
政教服务的殿堂，如东大殿、朝拜殿、西藏地方政府设在布达
拉宫内的办事处等；一类是直接供达赖喇嘛起居生活的房间，
如寝宫等；一类是为达赖喇嘛服务用的建筑，如经师、摄政、
管家、侍从及管理人员用房等。其附属建筑包括布达拉山下的
方城、印经院、原藏军司令部、监狱、布达拉直属宗及辖区办
事处、贵族住宅和山后的龙王潭。

　　壁画是布达拉宫建筑艺术的一个重要组成部分。这些精湛
的壁画作品，绘制于布达拉宫修建后的 1000 余年的历史中，
反映了西藏绘画艺术在此期间的发展轨迹，体现了西藏独特的
绘画艺术风格。布达拉宫的壁画遍布宫内各个主要殿堂、门厅
和回廊，壁画总面积约 2500 平方米。

　　布达拉宫壁画具有两个显著的特点：一是题材广泛，有
历史事件、人物传记、宗教教义、风土人情、民间传说和神
话故事等，涉及政治、经济、历史、宗教、文化艺术等社会
生活的各个方面；二是宗教画在壁画中占的比重不大，世俗
化的倾向明显，许多画面充满浓厚的生活气息。

　　布达拉宫壁画题材丰富，画面生动，色彩艳丽。其主要绘
制了藏传佛教中的各位上师、各种教派的本尊、不同变相的佛
和千姿百态的菩萨，同时反映了藏族社会的历史和生活习俗
等。布达拉宫的壁画严格按照《绘画度量经》的规定尺寸并
灌顶，特别注意了绘画的流派风格和形式特点。布达拉宫壁
画，主要出自西藏门塘派民间画师之手。修建白宫时，集中了

全藏66位著名画师，于顺治五年开始绘制壁画，历10余年方才完成；修建红宫时，再次召集画师237人，参加红宫壁画的创作和制作。布达拉宫的壁画堪称藏传佛教绘画中的经典之作，其表现手法极为丰富。例如，白宫西日光殿喜足绝顶宫内的屏式人物画像，笔精而有神韵，常与真人等身。布达拉宫的壁画由于主要采用了当地的矿物质颜料，加之拉萨的充足阳光和干湿适中的环境，一般都保存良好。

雕塑在西藏传统文化中占有十分重要的地位，在藏传佛教寺庙殿堂内更是必不可少的。布达拉宫藏有大量的雕塑。布达拉宫的雕塑千姿百态，分布在宫内各殿堂，甚至走廊上。雕塑质地和种类不同，在制作工艺上也各不相同。布达拉宫塑像主要有金、银、铜等金属合金制品，有重彩泥塑、木雕、石刻等，其中以金属神像数量最多，泥塑作品比较少，木雕多与梁柱雕饰、门窗隔断装修相结合。布达拉宫塑像主要分为泥质塑像、铜质塑像、合金塑像和鎏金塑像。

布达拉宫内的各式各样的上师、本尊、菩萨和佛等雕塑像从质地上划分，有泥（含药浆）、石、木、骨、铜、银、金、合金和水晶等。从大小上划分，这些塑像小到几厘米，大至几米。塑像内容有：佛、菩萨像，如释迦牟尼、无量寿、观音、文殊和弥勒；密宗本尊像，如胜乐、密集、大威德、马头明王、金刚持；护法神像，如乃穷、救主、天王、吉祥神母、十二丹玛；佛学大师、历辈高僧像，如莲花生、阿底峡、宗喀巴和历世达赖；历史人物像，如松赞干布、赤尊公主、文成公主、禄东赞等。布达拉宫早期的雕塑像有法王洞里的泥塑像、观音殿檀香木雕的观音像和合金质的六面阎罗王塑像等。这些早期的雕塑以现实人物为对象，造型异常生动，富有个性。后来为塑造使信徒崇拜的偶像，从事佛教造像的工匠师们准确无误地按照上师所规定的度量尺寸来进行塑造，形成了藏传佛教造像的共同特点，这也就是布达拉宫雕塑像的共同特点。

　　佛塔源于天竺（今印度），随佛教传入中国。布达拉宫有几百座大小形制各不相同的佛塔，其中以八座银质佛塔最为著名，即积莲塔、菩提塔、吉祥塔、神变塔、神降塔、合离塔、尊胜塔、涅槃塔。布达拉宫法王洞西侧的白塔是西藏现存的早期佛塔，与法王洞同时修建，高有 2.48 米。该塔是布达拉宫的镇宫之宝，故不对外朝拜。法王洞东侧的白塔是仿西侧白塔制造，可供人朝拜。布达拉宫佛塔按质地可分为纯金、纯银、包金、包银、镀金、合金、青铜、水晶、石质、木质和泥质塔等。布达拉宫八佛塔位于五世达赖灵塔的两侧，它们与五世达赖灵塔同时设计与建造，既是释迦牟尼事迹的象征，又是布达拉宫代表佛意的物证。但八佛塔与五世达赖灵塔相比，布置上则处于从属地位。八佛塔系第巴桑结嘉措亲自设计，塔的大小均相同。塔内均藏有各种经书、明咒卷以及历代佛教大师的法衣、念珠等物品。灵塔主要包括第五世达赖喇嘛灵塔、第七世达赖喇嘛灵塔、第八世达赖喇嘛灵塔、第九世达赖喇嘛灵塔、第十世达赖喇嘛灵塔、第十一世达赖喇嘛灵塔、第十二世达赖喇嘛灵塔、第十三世达赖喇嘛灵塔。

唐蕃会盟碑

唐朝与吐蕃交往的 200 余年中，双方有过两次联姻、多次交战和多次会盟。唐朝与吐蕃双方为达成某种誓约而举行会盟。会盟是唐蕃政治关系发展的一种特殊形式，几乎贯穿于双方关系的始终。会盟制度是吐蕃最古老的制度之一。唐蕃会盟始于神龙元年（705），止于长庆二年（822）。在此期间，吐蕃与唐朝之间战战和和，双方进行了多次会盟，其中比较重要的有 8 次，且大都是在双方帝王更迭之初，为安定内部、促进边界稳定的形势下进行的。其中最著名的有神龙盟誓、清水会盟、赤岭会盟和长庆会盟。

唐蕃会盟碑

为纪念唐蕃在长安、逻些（今拉萨）举行的长庆会盟而修建的纪念碑，被称为"唐蕃会盟碑"或"甥舅和盟碑"，藏语称为"祖拉康多仁"，意思是"大昭寺前之碑"。唐蕃会盟碑坐落于拉萨大昭寺门前公主柳下。长庆三年（823），唐蕃双方于逻些立碑，并将盟文刻石，用汉藏两种文字对照。该碑通高5.6米，由碑帽、碑身和碑座三部分组成。碑身与碑座以铜液浇灌连为一体。碑帽通高0.96米，主体庑殿顶式样，平面长1.26米，宽0.93米，厚0.46米，边缘厚0.1米。庑殿顶置有莲座宝珠，高0.5米，直径0.3米。碑身通高3.8米，上端长0.7米，宽0.35米；下端长0.88米，宽0.39米。截面长方形，上小下大。碑正面向西，刻有汉藏两体对照的会盟盟文，左为藏文，横书，共77列，字迹苍古，系吐蕃时期藏文特点；右为汉文，直书，共6行，正楷字体，存464字。盟文表达了唐蕃双方"再续慈亲之情，重申邻好之义"的共同愿望，重申"彼此不为寇敌，不举兵戈，不相侵谋封境"。盟文中还规定了有关"通传""交马""捉生"等方面所遵循的原则。盟文中还指出"今社稷叶同如一，为此大和，然舅甥相好之义，善谊每须通传"。碑的南北两侧分别为唐蕃双方参与此次会盟的官员名单。右面是参加会盟的吐蕃官员名单，藏文40列，并有对应音译汉文；左面对应的是唐朝参与会盟名单，共18人，上为藏文，下为汉文。背面是藏文盟辞，共78列，叙述唐蕃友好关系的简要历史和此次会盟的经过及意义。碑基座雕琢为龟形，石龟高0.86米，长2米，宽1.5米。石龟头部微露，四肢收拢，整体雕刻古朴生动。石龟下为高0.1米的长方形基座，与石龟为一块石头雕琢，长1.68米，宽1.4米。石碑的风格、形制明显受到内地碑制的影响，且又有一定的变通和创新。这方石碑见证了藏民族参与缔造统一的多民族国家的过程，受到人民的景仰，成为汉族与藏族人民团结、友好的历史见证，碑文具有很高的学术价值。

御制平定西藏碑

御制平定西藏碑是为纪念清军平定准噶尔之乱而立的纪念碑。雍正二年（1724），该碑由内阁学士鄂赉等刻立于布达拉宫门前，乾隆年间又建琉璃瓦歇山顶碑亭，1966 年该碑和碑亭被迁入龙王潭公园。康熙五十七年（1718）、康熙五十九年（1720），清军先后两次入藏，平定准噶尔之乱。从此，清朝结束了蒙古人对西藏进行的长达近 80 年的占领和统治。为纪念这一胜利，康熙六十年（1721）康熙皇帝亲自撰写碑文，以满、汉、蒙古、藏四种文字镌刻，详细记述了清政府派兵平定准噶尔入侵的功德。御制平定西藏碑保存完好，其形制与内地清碑完全相同。碑为螭首方额，其中碑额高 1 米，宽 1.13 米，厚 0.42 米。

碑额正面右侧阴刻篆书"敕建"两字，左侧有 4 列藏文；碑额背面的右侧刻有一竖行蒙古文，左侧刻有竖行满文。碑身正面右侧刻有小楷汉字 15 竖行，左侧刻有印刷体藏文 46 列；背面右侧刻有蒙古文 15 竖行，左侧刻有满文 15 竖行。碑身高 1.84 米，宽 1.05 米，厚 0.35 米。碑身正面和背面的上下左右分别刻有宽 0.16 米的云带纹边框。碑座为叠涩方座，分为上、中、下三阶。上阶高 0.45 米，宽 1.23 米，厚 0.54 米，正、背两面分别刻有海水太阳云纹；中阶高 0.25 米，长 1.47 米，宽 1.44 米；下阶露出地面部分高 0.2 米，长 2 米，宽 2 米。碑石总高 3.74 米，建有碑亭，龟趺座。1996 年，御制平定西藏碑被列为自治区级文物保护单位。

御制平定西藏碑

御制十全记碑

为纪念乾隆皇帝十大武功而修建的纪念碑，又称"十全武功碑"。乾隆五十七年（1792），御制十全记碑立于布达拉宫前，1965年被迁至龙王潭公园。碑文由乾隆皇帝亲撰，以

御制十全记碑

满、汉、蒙古、藏四种文字镌刻，记述了他在位期间的十大战功。该碑建有琉璃瓦歇山顶碑亭。碑的形制与内地清碑完全相同。碑通高 3.87 米，碑额呈方形，高 1.34 米，宽 1.44 米，厚 0.46 米，额框四周饰以雷纹，额内框上下还饰以卷草纹。

碑额正面右侧阴刻篆文"御制"两字，左侧阴刻一竖行"八思巴"文字。碑额背面右侧阴刻有 4 列正楷藏文，左侧阴刻有一竖行蒙古文。碑首下部以如意云纹作边饰。碑身高 2.07 米，宽 1.32 米，厚 0.38 米。碑阴、碑阳均刻文字。碑阳右侧刻 17 竖行汉文，左侧刻 17 竖行满文；碑阴右侧刻 39 列正楷藏文，左侧刻 17 竖行蒙古文。碑身阳面、阴面的上下左右边框分别有 12 厘米宽的二龙戏珠图案纹饰。龟趺座，龟身通长 2.5 米，宽 1.8 米。龟前足紧收，伸脖抬头，龟鳞刻成六棱圆角浮雕，精致细腻，形态逼真。龟身置在高出龟背 0.05 米，长 1.6 米，宽 0.58 米的垫台上。龟座下为一正面宽 2.02 米，侧面长 2.42 米的大石托台。碑文保存完整。1996 年，该碑被列入西藏自治区区级文物保护单位。

据《卫藏通志》记载，御制十全记碑与其琉璃瓦歇山顶碑亭是遵乾隆帝命于五十七年建造的。1965 年因拉萨市需要重修，御制十全记碑和碑亭按原样被迁入布达拉宫背后龙王潭公园的大门内侧。

劝人恤出痘碑

劝人恤出痘碑，又称"永远遵行碑"，立于大昭寺前，螭首、方额、须弥方座。碑首高 1.1 米，宽 1.3 米，厚 35 厘米；碑身高 1.88 米，宽 1.2 米，厚 27 厘米；碑座上枋高 13 厘米，浮雕如意纹图案。束腰高 11 厘米。下枋浮雕仰莲纹饰。该碑东向，碑阴为汉文，碑额镌阳文篆体"永远遵行"4 字。正文 519 字，阴镌，楷体，字体劲秀，刻制颇工。碑阴为藏文，内容与碑阳全同。由于迷信，百姓常用卵石敲砸，年深日久，该碑现已"遍体鳞伤",形成许多臼形窝坑,致使文字多漫漶损毁,难以辨识。

乾隆末年,西藏天花流行,死人无数,直到 18 世纪末期这里的人们还不知道运用种痘来防止天花病的发生,他们把出痘看成不治之症。来藏办理藏务的和琳看到这种情形"深感悯恻",于是在藏北浪荡沟捐资修建房屋,让出痘的民众去那里居住调养,发给口粮,并且"派拨汉番弁兵经理调养",并教给人们接种牛痘的办法,使 90% 以上的患者都活了下来。由于天花这一被视为绝症的疾病得到了治疗和预防,于是"立石为记"。

朗孜厦

朗孜厦位于拉萨市老城区八廓街北端,南依大昭寺,是西藏和平解放前拉萨市内所设的最大的监狱,总建筑面积 720 平方米。朗孜厦始建于 17 世纪中叶,原为拉萨市政府所在地,后改为监狱,1953 年被正式关闭。朗孜厦保存完整,坐西朝东,石木结构,平顶,共三层。大门开于第二层,门前为宣判台,台上有广场,原在此地举行死刑仪式。朗子厦第一层关押重犯,设有蝎子洞;第二层共有 9 间牢房,主要关押轻犯、女犯;第三层是审判处和监狱驻守人员驻地。原设有头人 3 个,警官 2 个,秘书 1 个,一般办事人员 20 个。头人是由达赖直接任命的四品或五品俗官充当。

监狱刑法残酷,除挖眼、抽筋、剥皮、剁手剁脚外,还施行剖腹、游八廓街一周后杀死等酷刑。刑具有皮鞭、铁球、脚镣、手铐、皮拍、木枷、钢丝鞭、牛皮绳、石帽、挖眼勺、断

朗孜厦监狱

指刀、铜马、钉指竹签和封扣手脚架等 50 余种。1996 年，朗子厦被列为自治区级文物保护单位。

琉璃桥

琉璃桥位于拉萨大昭寺西。清乾隆时期，修建的连接拉萨古城内、外的桥梁，又名宇拓桥。宇，藏语意为"松耳石"；拓，藏语意为"顶"。因桥顶采用绿色琉璃瓦，故名玻璃桥。该桥系石筑五孔桥梁，跨度 28.3 米，桥面宽 6.8 米。桥上两边砌有 1.6 米厚的石墙，东西两侧墙上分别砌有 5 个宽为 2.3～2.5 米的孔洞，孔洞间距均为 2.6 米，高 3.2 米，孔洞外侧分别置有高 1.5 米的木栏杆。桥顶为绿色琉璃瓦顶，顶檐建有三种不同图案的滴水，四角为龙首飞檐。屋脊中间饰有 1 米高的琉璃宝顶，两端有琉璃供果脊饰，构成汉地古建筑歇山式琉璃瓦顶桥廊。1995 年，琉璃桥被列为县级文物保护单位。

2 会馆商号

邦达昌

邦达昌大院位于拉萨市八廓街转经道东南拐角处，是拉萨老城区目前建筑结构保存最完整的一个森厦（贵族宅邸），其大小在拉萨老宅子中排位前三，至今已有300多年的历史，热振时期为藏军司令擦绒的府邸，后为西藏最大的商号邦达家族所有。西藏有民谣："邦达昌拥有天空，邦达昌拥有大地！"院子有古老的门廊石柱，栏杆的铁花、走廊的描绘属于典型的森厦建筑结构，至今仍能够令人感受到昔日的西藏贵族气息。大院由两层回廊庭院、主体建筑等组成，分布面积为4790平方米。

清末民国初期的芒康巨商邦达家族，在芒康乃至西藏都有一定的影响。邦达昌系邦达家族在芒康的故居，位于芒康县交呷古秀邦达村。邦达昌老主人尼江早在第十三世达赖喇嘛执政初期便在拉萨建立商号。由于尼江与第十三世达赖喇嘛关系密切，邦达昌商号逐渐发展起来。到1933年第十三世达赖圆寂时，邦达昌已成为旧西藏地区内外羊毛贸易的唯一代理人，商业活动遍及北京、上海、南京、西宁、成都、香港以及印度等地。

邦达家族对中国的革命事业做出了自己应有的贡献。早年红军经过甘孜藏区时，邦达三兄弟中的邦达·多吉就受红军北上抗日、拯救中华民族壮举的感化，参加到革命事业中来，在中华苏维埃博巴政府（红军在甘孜建立的以藏人为主的临时革命政府）中出任财政部长，成为中国共产党组织领导的革命队伍中的一个成员。他以其在康藏地区特殊的身份和在藏族人民中的影响力，为工农红军和中华苏维埃博巴政府做出了必要的贡献。

在抗日战争时期，邦达昌以商抗日，为前线运送抗战物资，为抗战胜利做出了极大贡献。在和平解放西藏时期，邦达·多吉又组织马帮随解放军进藏，在后勤运输上积极支持了西藏的和平解放。

在西藏和平解放以后，邦达·多吉先后担任过第一、第二、第三届全国人大代表；在昌都，担任了中华人民共和国昌都人民解放委员会副主任、主任；在西藏自治区成立前后，先后担任了西藏自治区筹备委员会（以下简称西藏筹委会）副秘书长、西藏自治区政协副主席。多吉的哥哥阳佩同样担任要职，1953年任西藏工商代表团团长，出席全国工商业联合会会议并到祖国各地参观，1954年被西藏筹委会任命为驻噶伦堡商务代理。同年，他捐献两千秤藏银用于收容乞丐和社会救济。1955年他拟将过去200多户商人共有的经营羊毛赚得利润30多万盾卢比全部用于购买物资，捐给拉萨小学和人民医院等单位，并将此意见呈请西藏地方政府。1956年4月至1957年8月，邦达·阳佩任西藏筹委会工商处处长，1965年任西藏政协副主席。作为西藏最大的商号，邦达昌的贸易活动在一定程度上活跃了当地的经济，丰富了人民的生产和生活物资，加强了西藏与内地以及邻国的贸易往来，对西藏的经济发展有积极的促进和推动作用，并在客观上增进了藏汉人民的友谊，密切了西藏与内地之间的联系，对民族团结和祖国统一做出了卓越的贡献。

夏帽嘎布

夏帽嘎布为尼泊尔商号，位于八廓北街 15 号，在当地经营已有 130 多年了。现存建筑为一楼一底藏式平顶土木石结构。门口立有不同时期的三块招牌，印证了这家百年老店的沧桑变化。

据夏帽嘎布现任老板热特那·古玛·吐拉达哈（以下简称热特那）说，该店的创始人——他的祖父，曾被人们称为夏帽嘎布。因为当时他在拉萨的时候，附近的藏族人叫不出他的本来名字，不顺口，但由于他头戴一顶白帽子，身穿白色的服装，因此当地的人就叫他夏帽嘎布（白帽子），这就是夏帽嘎布这个商号的由来。夏帽嘎布的创始人巴苏然纳于 20 世纪初骑马从尼泊尔来到中国经商。那时地处雪域高原的西藏与外界天堑阻隔，茶马古道是沟通西藏与内地、印度、尼泊尔之间贸易往来的唯一通道。热特那祖父的所有货物都是用马和牦牛拖进来的，刚开始经营羊毛生意，即从拉萨收集羊毛运往尼泊尔，交换糖果和布匹，后来还曾在拉萨创建了西藏首家羊毛洗涤厂。除了买卖羊毛，他们还做清油、酥油生意，获利丰厚。西藏的第一辆摩托车，也是他们家族从尼泊尔运进来的。

1951 年西藏和平解放、1959 年西藏民主改革和 1965 年西藏自治区成立，这些天翻地覆的变化使热特那的父亲信心大增，生意越做越大，后来他们家族的企业发展成为尼泊尔最大的家族企业，企业的掌门人还在北京受到了毛泽东主席的接见。20世纪80年代，他回国创办了尼泊尔第一个茶叶生产厂，生意开始起步，并继续做中尼互市生意。1983年，热特那也循着爷爷和父亲的足迹来到了拉萨，并亲眼目睹了改革开放以来八廓街三十多年的变迁。

100多年来，"夏帽嘎布"没有改变它的格局，因为热特那和他的祖辈们相信：这间老房子和店里的古董一样，会越老越值钱。墙上的显赫位置放的就是巴苏然纳以及几代店主的照片，里面是毛泽东、朱镕基、李鹏等来访或接见的合影，是热特那最引以为豪的。尼泊尔商人是拉萨八廓街的主宰，西藏和平解放前达到了鼎盛的状态。那时候的尼泊尔商人运来了本国、印度，甚至欧美国家的各类商品，如瑞士的手表、法国的香水，应有尽有，他们在这里取得了极大的成功。现今，40多平方米的店铺里，摆满了各类菩萨塑像、转经筒、首饰、唐卡、经书等商品，这些都是原产于尼泊尔的精品，其中最为珍贵的是一叠据说有700多年历史的石刻版经文。

北京商帮

20世纪前50年，在拉萨最有势力的汉族群体是北平商人。北平商人在拉萨出现有百年历史。起初来西藏的北平商人是从外蒙古大库伦转过来的商人。他们都是来自河北香河、武清、深县、束鹿、冀县等地人士。他们在北平的老板，将其派至拉萨做小生意，有十多人，也没有开设铺面，各家商号合在一起，吃住都在八廓街的"果芒康沙"楼上。当时货源很少，只做些批发零售生意，有时还做些铜器出售。到了30年代，

他们才陆续在八廓街开了六七家商号。据说最早在拉萨设商号
的是北平商人解文会。他来藏后，最早也做生意，后来给藏政
府扎萨柳霞·土丹塔巴家当管家，积累了资本，于是投资
"文发隆""兴记"等商号，成为东家，并和一位藏族妇女结
婚，他的儿子也在柳霞家做过管家。到1945年前后，因为有
柳霞投资，拉萨的北平商铺中，"兴记"和"文发隆"最为兴
旺。据当时在拉萨"文发隆"当伙计的韩修君回忆，当时所
有在拉萨的北平商号加在一起，人员有20多人，另有一部分
住在印度的加尔各答和噶伦堡以及帕里，负责转运货物。各家
的掌柜都在北平办货，伙计在拉萨坐庄营业。货物从天津上
船，经中国香港、加尔各答，到噶伦堡后再用骡马、牦牛、毛
驴等驮运到拉萨，要走三个月左右。一年大致进两三次货，约
300驮，价值6万余元。北平商人经营非常诚信，并不以西藏
地处偏僻而在商品的质量上有所疏忽，或倾销劣质商品。所经
销的绸缎是苏杭绸缎，丝线是山东邹县的产品，瓷器到景德镇
办货。其中花绸缎销路最好，因为寺庙里做"佛衣""供品"
"神伞""画轴""顶棚"都用绸缎。铜器也有不错的销路，如
唢呐、曼遮、净水壶、提炉等。丝线的销路也很好，因为藏族
男女老少都留辫子，扎辫结。大宗货物的利润在20%左右，
瓷器40%，其他商品在2%~40%。北京商号的人事规矩很
严格，所谓的三爷，即"姑爷""舅爷""少爷"不许在同一
家店里，怕裙带关系影响正常营业。为保证各个商店的商业
利益，各商店的价格也都是一样的，避免恶性竞争，以保证
利润最大化。

现存八廓街的北京丛康古建大院即是当年北京商帮的见证，它位于西藏自治区拉萨市城关区八廓办事处八廓东街17号，始建年代不详。北京丛康古建大院为一楼一底藏式平顶土石木结构，东西长28.609米，南北宽17.603米，分布面积为350平方米。大院大门坐北朝南，方向187度，大院大门辟于南侧中央处，门后为一长3.16米，宽1.332米的过道，过道后为2柱天井，天井右侧辟二门，门均朝东，从前至后，前侧屋为内外两室，外室面阔4.26米，进深1.87米。后室平面呈曲尺型，面阔4.16米，进深4.995米。天井左侧内辟一门，为通往二层的木梯房，外辟三门，门均朝东，均为一柱商铺。天井前侧无门，仅有一通往二层的木梯。天井后侧辟三门，均朝东，从左到右均为内外两套间，左侧房外室面阔4.86米，进深1.8米。后室面阔两间用一柱4.86米，进深两间用一柱4.162米。中间外室面阔5.024米，进深1.8米。右侧外室面阔7.523米，进深1.8米。后室面阔三间用二柱7.523米，柱间距2.2米，进深两间用一柱4.162米。二层均为民居，建筑格局处东侧门均辟于内侧外。

云南商帮

清末，驻拉萨的内地商户有两千多户，"其中以滇人最多，川、陕人次之"。民国初期，在英帝国主义阴谋煽动分裂西藏的情况下，滇商在拉萨的商贸活动仍顽强持续着，"滇商如仁合昌、恒德和、李永兴在西藏经济场合中占相当地位"。20世纪40年代后期（在拉萨的五大商帮中雄居第二的是滇帮），"云南商人最多时有三十多家，他们主要的业务是进口茶业、铜器、食品等。有时也做点非法生意，如贩运鸦片。他们在滇、缅、康、藏接境的区域，跑得很熟"。云南输入西藏的商品主要是茶叶、红糖、火腿、铜器、藏服、藏靴、布匹、针线等日常生活物资。由西藏输出云南的主要是牛羊皮革、氆氇、山货、药材等，在抗日战争时期主要是些由印度经拉萨贩运过来的匹条、洋沙、染料、锑锅及牙膏、化妆品等英印产的洋货。近代活跃于滇藏商贸舞台上的云南商人中以丽江纳西族商人为主。云南商人在西藏经商营生、调剂余缺、发展商业、保障供给，他们在服务于藏区人民日常生活的同时，还为支持西藏人民反对外国入侵、维护祖国统一、发展西藏近代文教事业做出了许多积极的努力。滇商们不仅利用川茶、滇茶与印茶竞争周旋，而且改良藏销紧茶的制作工艺，积极推行销藏茶产品的多元化，以满足藏区不同层次人士的需要，确保了内地产品在西藏市场上的推广与销售，挽回了利权，维系了近代特别是民国年间内地与西藏的经济联系。清末丽江商人杨聚贤在拉萨经商时曾与当时的驻藏大臣李有泰和十三世达赖喇嘛来往密切，并得到了二人的赏识与信任。光绪三十年（1904），在反击英帝国主义侵藏战争中，我军给养发生困难，因路途遥远，清政府又一时接济不至，于是杨聚贤慷慨借资垫支，支持三月之久。光绪三十二年（1906），清政府新任驻藏大臣联豫在拉萨推行新政，拟开办学堂、医馆等，于是杨聚贤以各种形式先后捐助了白银七千余两，帮助联豫开办起了藏文说习所、中文读习所各一所，初级小学堂两所，白话报馆一所，施医馆一所，商品陈列所一所，为西藏近代化历程的推进做出了积极贡献。1945年8月15日抗日战争胜利后，驻藏商人热烈庆祝并举行联欢大会。云南商人积极参与，不仅出资凑钱资助大会，还在会上自编自演了滇剧《三娘教子》等颇具云南文化特色的文艺节目，让藏族同胞领略了滇文化的奇异风采。

3 革命史迹

中央人民政府驻藏代表办公处

1949年，全国大部分省区已经获得解放，而西藏还处在封建农奴制度的统治下。为解放西藏，以第十八军为主力的人民解放军从西南、西北多线出发作战，打击反动势力、解放西藏。根据1950年1月10日毛泽东关于经营西藏应成立一个党的领导机构的指示，1月18日，西南局复电中央军委并报毛泽东等，报告了成立一个经营西藏的党的领导机关的情况。西南局经研究，"拟成立西藏工作委员会，以张国华（军长）、谭冠三（军政委）、王其梅（副政委）、昌炳桂（副军长）、陈明义（军参谋长）、刘振国（军政治部主任）、天宝（藏族干部、政协代表）七人为委员。张国华任书记，谭冠三任副书记"。1月24日，中共中央和中央军委下达《关于进军西藏的指示》，批准同意成立西藏工作委员会（以下简称西藏工委）。该指示说："同意即成立西藏工作委员会，以张国华为该委员会书记、谭冠三为副书记，再加王其梅、昌炳桂、陈明义、刘振国、天宝为委员。"这表明，中央从进军和经营西藏的全局出发，在成立西藏工委问题上正式确立了以西南局为主的方针。1 月 27 日至 30 日，第十八军在四川乐山召开军党委扩大会议，宣布西藏工委成立。5 月 19 日，平措旺杰参加西藏工委并任委员。

在昌都战役胜利后，中央政府与西藏地方政府于 1951 年 4 月 29 日开始了和平解放西藏的谈判。通过近一个月的磋商，6 次谈判，双方达成一致，于 1951 年 5 月 23 日，在北京签订了《中央人民政府和西藏地方政府关于和平解放西藏办法的协议》（"十七条协议"）。为促进协议的贯彻执行，中央委派张经武为中央人民政府代表，前往西藏工作。通过大量说服工作，张经武劝服第十四世达赖喇嘛回到拉萨。

和平解放西藏协议签订后，中央军委主席毛泽东正式发布派必要兵力进驻西藏的命令。人民解放军西南、西北部队，分别自西康、云南、新疆、青海向西藏开进，正式开始具有历史意义的和平解放西藏大进军，把五星红旗插上了喜马拉雅山，完成了统一祖国大陆的历史任务。

1962 年，为解决西藏工委简陋的办公条件，张经武亲自向中央报告申请经费，并很快得到中央批准，在拉萨北郊修建新工委办公区。1964 年，中央人民政府驻藏代表办公处建成，包括中央人民政府代表楼、将军楼和工委办公处。之后，工委由"财经大院"搬到北郊新址，即现在的区党校所在地。整个建筑群落成后，中央人民政府代表楼为中央人民政府驻藏代表张经武的住所。后来，张经武作为中央代表团副团长回藏时也居住在代表楼。将军楼为谭冠三将军的住所，会议室和工委办公处为工委领导开会和办公的地方。整个建筑群体现了我国早期现代建筑风格。东侧为中央人民政府代表楼，设计独特，酷似贝壳，内部宽敞明亮。此外会议室东侧还有四座工委其他领导的住所，错落分布在绿树与灌木丛中，均为独立小院，砖石结构，主体建筑位于院子的南侧，三面围墙，大门开在东侧，建筑略带欧式风格，现保存情况较好。中央人民政府驻藏代表办公处作为中央人民政府驻藏代表在西藏自治区成立前后的办公地点，参与并见证了西藏和平解放、百万农奴翻身等重大事件的发生。1965 年 9 月 1 日，西藏自治区第一届人民代表大会第一次会议在拉萨召开，宣告西藏自治区成立。经中央批准，自 9 月 1 日起，西藏工委改为中共西藏自治区委员会。西藏工委从创建至完成历史使命，存在了 15 年之久。它历史性地填补了党的西藏地方组织工作的空白，成为中共西藏地方党史的开端，并为西藏自治区成立后党的建设奠定了组织、干部和工作基础。2013 年 3 月，中央人民政府驻藏代表办公处被列为全国重点文物保护单位。

拉萨烈士公墓

为纪念 1949 年以来为西藏的革命和建设事业而牺牲的数千名革命烈士，西藏先后修建烈士纪念碑、塔、亭、馆、陵园等 62 处，其中有 54 座烈士陵园分布在拉萨、山南、阿里等地，如拉萨烈士公墓、山南烈士陵园、狮泉河烈士陵园等。

拉萨烈士公墓原名西郊烈士陵园，1963 年改现名，位于拉萨市西郊。公墓主要建筑有烈士纪念亭，四面开间，内有 4 柱，阶梯形基座。亭中行书"永垂不朽"四个大字。公墓内有 2255 座墓葬，多为土石封堆，墓主有藏、汉、门巴、珞巴等民族。

拉萨烈士陵园

　　墓区墓葬布局以烈士纪念亭为中心，划分为四个区：其一，烈士墓区，位于烈士纪念亭正南，共安葬烈士595名，主要是于1958年12月至1959年4月在山南和拉萨平叛中牺牲的解放军烈士。另有遇难牺牲的登山运动员、地质勘探员、筑路工人以及在西藏各项建设中牺牲的烈士。其二，领导干部墓区，位于烈士纪念亭西北部。安葬了为西藏人民事业而鞠躬尽瘁的藏、汉干部22名。其中，有前中共西藏工委副书记贾辅仁，中共西藏委员会书记、西藏人民政府副主席洛桑次诚等。其三，一般人员墓区，位于烈士纪念亭东北部，共有墓1564座。其四，"文革"墓区，位于烈士纪念亭西北隅，共有74个墓葬，主要是"文革"期间在大昭寺武斗中的死亡人员。

　　谭冠三墓

　　谭冠三墓及石碑位于西藏自治区拉萨市城关区功德林办事

处八一社区西藏自治区职业技术学校操场南侧约 3 米处。1985
年 12 月 6 日谭冠三将军在成都逝世，享年 84 岁。遵照他生前
的遗愿于 1986 年 8 月 1 日把他的骨灰安葬在他亲手开垦和培
植的拉萨"八一农场"苹果园内。

　　墓碑主体为朴素简洁的纪念碑，下为须弥座，上为庑殿式
碑顶。墓碑坐北朝南，碑身长 5.4 米，立于方形台座上，台座
四面中间设 6 级台阶，四周设围栏。碑体为花岗岩，四面镶嵌
汉白玉，上书金色碑文。墓碑正面（北面）有时任国家主席
杨尚昆题写的碑铭："优秀的共产党员、忠诚的共产主义战
士、中国人民解放军的卓越政治工作者谭冠三同志之墓。"墓
碑的后面有阿沛·阿旺晋美副委员长用藏文书写的题词："谭
冠三同志为西藏的和平解放和建设事业做出了重要贡献，西藏
人民永远不会忘记他。"东西两面碑文则分别为藏文和汉文书
写的谭将军事迹。目前，谭冠三墓已成为拉萨市爱国主义教育
基地。

　　1949 年 10 月，新中国成立时，西藏还处于严酷、落后的
封建农奴制度统治下。从 1950 年 10 月 6 日到 24 日，在张国
华、谭冠三指挥下，以第十八军为主力，发起昌都战役。在纵
约千里、横约五百里，气候恶劣、地理条件复杂的地区组织战
役，困难极大。但是，由于张国华大胆实施了正面攻击和迂回
包围的战术，谭冠三对部队进行了吃大苦、耐大劳、英勇作战
等方面的教育，所以战役取得了重大胜利，为和平解放西藏创
造了有利条件。1951 年春，响应中央人民政府和平解放西藏
的号召，西藏地方当局派出代表团前往北京，同中央人民政府

代表团谈判。5 月 23 日，双方签署"十七条协议"，西藏和平解放。5 月 25 日，中央军委按照"十七条协议"规定，命令进藏部队分路进驻西藏。

在接受进军西藏任务后，谭冠三根据邓小平"政治重于军事"的指示，立即派出先遣人员，深入藏区调查政治、军事、经济情况，了解西藏人民的风俗习惯和宗教信仰，并亲自到成都邀请熟悉西藏情况的专家、学者进行座谈。在此基础上，他与张国华一起研究制定了《进军西藏守则》，并对军队反复进行民族政策和宗教政策的教育。通过教育，军队提高了政策观念，消除了由于对西藏情况缺乏全面了解而产生的种种顾虑，为执行民族政策和宗教政策奠定了思想基础。1951 年 8 月 28 日，张国华、谭冠三率部向拉萨进发。为了尊重藏族人民的风俗习惯，他在行军途中，同大家一样不进寺庙，不住民房，宁肯露宿在冰天雪地。10 月 26 日，部队顺利进驻拉萨。

1965 年 9 月 9 日，西藏自治区宣告正式成立，阿沛·阿旺晋美担任自治区主席，张国华任区党委第一书记，谭冠三任第二书记。1966 年年底，谭冠三调任最高人民法院第一副院长、党组第一副书记。1978 年起，谭冠三历任成都军区顾问，全国政协第四、第五届常委。1985 年 12 月 6 日，曾在祖国边疆立下赫赫功勋的谭冠三辞世。临终之前，他向党提出了唯一的请求："我死之后，请把我的骨灰埋在西藏!"1986 年 8 月 1日，根据他的遗愿，西藏自治区党政军民怀着深厚的感情，在拉萨"八一农场"苹果园隆重举行了谭冠三骨灰安放仪式。

2012 年，西藏自治区开始修建"老西藏"精神纪念馆，该馆建成后，谭冠三同志的骨灰将安置其中。

公路纪念碑

川藏、青藏公路纪念碑位于西藏自治区拉萨市城关区功德林办事处金珠路与民族路交叉处，在西郊客运站斜对面。这里是青藏公路和川藏公路的终点。虽然青藏铁路已建成通车，但这两条公路仍是进出西藏的重要道路。碑耸立于拉萨河畔，建成于 1984 年 12 月 25 日。这座碑是为纪念青藏公路和川藏公路通车 30 周年而立，以铭记中国人民解放军的光辉业绩和巨大牺牲。

时任中共中央总书记的胡耀邦亲自题词，碑文使用藏汉两种文字，详细记述了西藏和平解放后，在国家的关心下，11 万藏汉军民筑路员工，含辛茹苦、餐风卧雪，齐心协力征服重重天险的事迹。挖填土石三千多万立方米，造桥四百余座，三千志士英勇捐躯，始建成川藏、青藏公路，结束了西藏没有公路的历史，彻底改变了西藏人背畜驮的原始运输方式。两路建成后国家又投入巨资几经改建，现在西藏的公路已经四通八达，而川藏、青藏公路则被藏族人民誉为"彩虹""金桥"。

1950 年初，解放军奉命进军西藏，完成祖国大陆统一的历史使命时，毛泽东主席指示进藏部队："一面进军，一面修路"。11 万人民解放军、工程技术人员和各族民工以高度的革命热情和顽强的战斗意志，用铁锤、钢钎、铁锹和镐头，劈开悬崖峭壁，降服险川大河。川藏公路穿越整个横断山脉的二郎山、折多山、雀儿山、色季拉山等 14 座大山；

川藏、青藏公路纪念碑

横跨岷江、大渡河、金沙江、怒江、拉萨河等众多江河；横穿龙门山、青尼洞、澜沧江、通麦等 8 条大断裂带。工程的巨大和艰险，在世界公路修筑史上是前所未有的。在整个川藏、青藏公路的修筑过程中，3000 多名干部、战士和工人英勇捐躯，一代业绩永垂青史。

　　川藏公路从 1950 年 4 月开始，经过 11 万军民的艰苦修建，北线于 1954 年 12 月正式通车，2000 多名军民为此付出了生命。此后，筑路大军又继续修筑了东俄洛经巴塘、芒康、左贡至邦达南线段，并于 1969 年全部建成通车，并被正式列入国道 318 线。作为祖国内地进出西藏的五条重要通道之一的川藏公路（另四条为青藏公路、青藏铁路、新藏公路、滇藏公路，其中滇藏公路国道 214 线在西藏芒康与川藏公路会合至邦达后分开），担负着联系祖国东西部交通的枢通作用，无论在军事、政治、经济、文化上都有不可替代的作用和地位。它是藏汉同胞通往幸福的"金桥"和"生命线"，具有极其重要的经济意义和军事价值。

　　根据有关资料，青藏公路起于青海省西宁市，止于西藏拉萨市，1954 年建成通车，全长 1937 千米，平均海拔在 4000 米以上，是目前世界上海拔最高、线路最长的柏油公路。川藏公路东起四川成都，在新都桥分为南北两线，在邦达会合，经林芝到拉萨。其中，北线全长 2412 千米，南线总长 2149 千米。

　　川藏、青藏公路通车前，从拉萨到四川成都或青海西宁往返一次，靠人畜驮，冒风雪严寒，艰苦跋涉需半年到一年时间。到 1989 年，全区通过川藏、青藏公路共运输各类进藏物资 1000 多万吨，出藏物资 112.7 万吨。川藏、青藏公路大大促进了西藏经济建设的发展和人民生活的改善，改变了西藏长期封闭的状况，对于西藏经济建设和国防建设都具有极为重要的作用。作为西藏对内地交流运输的主要通道，川藏、青藏公路至今仍发挥着较大的中枢作用。

西藏和平解放纪念碑

西藏和平解放纪念碑位于拉萨布达拉宫广场南端，南以远山绿树为背景，北与巍峨壮丽的布达拉宫相距350米，整个碑体只在入口门洞上方和基座处饰以富有西藏地方风格的装饰造型，风格简洁。纪念碑造型是抽象化的珠穆朗玛峰，碑高37米，主体呈灰白色。碑体南面雕刻铭文，前方设计有两组青铜浮雕，以翻身农奴得解放、解放军筑路等为主题。纪念碑碑身顶部设计有按国旗上排列的五星，进一步象征国家主权及西藏的和平解放，象征各民族团结。纪念碑由中国科学院院士、东南大学教授齐康设计。2001年，中共中央总书记、国家主席江泽民题写"西藏和平解放纪念碑"九个大字。

西藏和平解放纪念碑

1951 年 5 月 23 日，"十七条协议"的签订标志着西藏和平解放。西藏的和平解放，不仅使西藏彻底摆脱了帝国主义的侵略和羁绊，而且为苦难深重的西藏人民带来了光明和希望，开创了西藏历史的新纪元。

2001 年是西藏和平解放 50 周年，为了纪念西藏和平解放，西藏自治区党委、政府决定修建西藏和平解放纪念碑，2001 年 5 月 22 日正式建成，各族人民在布达拉宫广场举行了西藏和平解放纪念碑揭幕仪式。

军史博物馆

军史博物馆位于拉萨市区东南面，2009 年 4 月开始新建，2012 年 5 月建成，占地面积 15000 多平方米，建筑面积 7000 多平方米，园林绿化面积 4000 多平方米，馆藏文史资料 10000 余件。军史博物馆以图文并茂的形式，用大量翔实、珍贵的文物史料，真实抒写了 60 年来人民解放军在进军西藏、解放西藏、保卫西藏、建设西藏中的丰功伟绩；生动再现了驻藏官兵模范执行党的路线方针政策的高度政治觉悟，忠于党、忠于祖国、忠于人民的优秀品质以及与西藏人民同呼吸、共命运、心连心的浓厚感情；全面反映了军区部队官兵面对生与死、苦与乐、得与失的巨大考验，用信仰占领精神的高地，用热血攀登价值的高峰，用奉献托举生命的高度，传承弘扬"老西藏精神"，在冰峰极地取得了一次又一次伟大胜利，在雪域高原创造出一个又一个人间奇迹，在世界屋脊镌刻下一座又一座不朽丰碑。军史博物馆先后被命名为"全国民族团结进步教育基地""国家国防教育示范基地""西藏自治区爱国主义教育基地""西藏自治区国防教育基地"。

七　当代新貌

　　1951 年 5 月，西藏和平解放，开启了历史的新纪元。拉萨这座古老的城市焕然一新，走进了新时代。拉萨与西藏地区一样，实现了封建农奴制度到社会主义制度的历史跨越，经历了从黑暗走向光明、从落后走向进步、从贫穷走向富裕、从专制走向民主、从封闭走向开放的光辉历程。60 多年来，拉萨发生了巨大变化，经济发展、社会进步、文化繁荣、民生改善、民族团结、政通人和、人民幸福。

1 跨越发展

社会巨变

　　在西藏延续了近千年的政教合一的封建农奴制度，到近代已经成为与世界潮流背道而驰的极端腐朽没落的社会制度，它扼杀了西藏社会生产力的发展，严重阻碍了社会进步，使西藏陷入极度贫穷落后和封闭萎缩的状态，濒临全面崩溃的边缘。

1951年西藏和平解放时，拉萨古城的市区面积不到3平方千米，城镇居民仅有3万人，没有现代意义的教育和卫生机构，广大老百姓基本享受不到任何社会保障；城区建筑陈旧简陋、街道狭窄、垃圾遍地、交通闭塞，全市没有一条像样的马路，更谈不上给排水、供电、科教文卫等基础设施。和平解放后，拉萨开启了社会主义新型生产关系和现代化建设的新篇章，经济社会实现了跨越式发展。

和平解放后，中央政府帮助西藏建立新型经济关系，引进先进生产技术，为拉萨社会进步开辟了广阔前景。"十七条协议"（以下简称"协议"）明确规定：中央人民政府将致力于发展西藏的政治、经济、文化教育事业；依据西藏实际，逐步发展西藏的农牧、工商业，改善人民生活；逐步发展西藏的民族语言、文字和学校教育等。

1951年之后，中央人民政府在维护"协议"、执行"协议"工作中，制定了既能帮助地方建设和群众生活，又能为西藏地方当局所接受的利民政策，如发放无息贷款、为群众免费医疗、以工代赈、无偿发放粮种农具等政策，并冲破原地方政府的干扰，尽力予以实施。

1954年12月，川藏、青藏公路同时通车到拉萨；1956年，拉萨至北京的航线开通。至此，拉萨的城市建设逐步展开。进藏部队按照毛泽东主席"进军西藏，不吃地方"的指示，积极在拉萨市郊开荒生产，建设农场，增加粮食、蔬菜供应，并建立了银行、邮电局和贸易公司，大力发展工商业。

1959年，西藏实行民主改革，废除封建农奴制，建立农牧民个体经济所有制的社会主义生产关系。当年年底，拉萨市区成立了28个居民委员会，先后安置了8700多名贫苦游民和乞丐就业，救济了8500多名贫民，收容了120多名孤、老、病、残者。1960年，纳金水电站建成发电，拉萨市民首次用上了电灯。

为尽快改变西藏的落后面貌，中央从全国各地抽调大批工人、干部和技术人员进藏，同当地人民共同建设拉萨。到1965年自治区成立前夕，拉萨相继修建了6条道路，铺设了10万多平方米的柏油路面，埋置2万余千米排水管道；建成了拉萨大桥、劳动人民文化宫、拉萨影剧院、拉萨水泥厂、药王山水厂等；宇拓路、康昂东路商业街道及布达拉宫前新区初具规模。拉萨城区面积比和平解放之初扩大了3倍，城市人口由3万人增加到5万人。商业贸易、市场供给都有较大改善；民族手工业通过加大技术改造，劳动生产率大幅度提高。

即使"文化大革命"时期，中央对西藏的政策仍体现出对西藏的特殊关怀：一是强调结合西藏实际，不搞一刀切并及时纠正偏差；二是强调确保西藏的生产、生活资料供应，制定高于全国的工资、物资供应、民族特需品标准，确保西藏人民生活水平不下降；三是高度重视民族政策，大力培养藏族干部；四是帮助解决西藏地方的突出困难，帮助发展教育、卫生、科技事业；五是在全国率先对寺庙等文物单位提出保护措施，避免了更多的损失。拉萨在中央的特殊政策关怀下，与全区一起完成了社会主义改造，社会主义制度逐渐确立起来，经济社会不断向前发展。

中央关心

党的十一届三中全会开启了我国以经济建设为中心和改革开放的新时期。1980～2010年的30年间，中央先后五次召开西藏工作座谈会，专题研究西藏经济发展和社会稳定大计。首府拉萨也迎来了前所未有的振兴时期，国民经济结构从改革开放前单一的公有制经济迅速转变成以公有制为主体，个体、集体、私营、股份制联合等多种经济成分、多种经营方式并存。

1980年3月召开的中央第一次西藏工作座谈会制定了发展社会经济特别是保障群众休养生息的政策。1984年4月召开的中央第二次西藏工作座谈会提出"解放思想，促进西藏经济形态从封闭式经济向开放式经济转变、从供给型经济向经营型经济转变；在坚持公有制的前提下以家庭经营和市场调节为主"（简称"一个解放、两个转变、两个为主"）和"在牧区实行牲畜归户、自主经营长期不变；在农区实行土地归户使用，自主经营长期不变"（简称"两个长期不变"）的政策。会议还在自治区成立20周年之际，动员北京、上海等9省市援建西藏43项重点工程。43项工程中有20项在拉萨。城市给排水、自治区医院门诊部、拉萨火电厂等就是在那时建成的，如拉萨饭店，至今仍是五星级宾馆。第二次西藏工作座谈会对拉萨市基础设施条件的改善起到了极大的促进作用。

1994年7月召开的中央第三次西藏工作座谈会强调"西藏的稳定，涉及国家的稳定；西藏的发展，涉及国家的发展；西藏的安全，涉及国家的安全"。会议提出"以经济建设为中心，抓好发展经济和稳定局势两件大事，确保经济加快发展、确保社会全面进步和长治久安、确保人民生活水平不断提高"（简称"一个中心、两件大事、三个确保"），形成了西藏工作的指导方针，并做出全国支援西藏的重大决策，在财税、金融、投资、农业和农村、社会保障、企业改革等方面制定了一系列优惠政策。会议落实了西藏经济社会发展急需的 62 项大中型项目，极大地推动了西藏经济社会发展。在 62 项工程中，拉萨占到 17 项。如援建的西藏传染病医院、拉萨新华书店，修建的西藏图书馆，扩建的西藏大学，投资 1 亿元兴修的布达拉宫广场等项目与拉萨古城交相辉映，显示出勃勃生机。第三次西藏工作座谈会也被称为西藏发展的第一个里程碑。

2001 年 6 月召开的中央第四次西藏工作座谈会深入分析了 21 世纪初西藏工作面临的形势和任务，进一步明确了 21 世纪初西藏工作的指导思想和"切实加强党的建设，促进西藏经济从加快发展到跨越式发展，促进西藏社会局势从基本稳定到长治久安"（简称"一加强、两促进"）的历史任务。会议为西藏制定了更加优惠的政策，被称为西藏发展的第二个里程碑。

2006 年，国务院又制定了加快西藏发展、维护西藏稳定的 40 条优惠政策，涉及"三农"、财税金融、对外开放、社会保障、人才培养等 10 个方面。2008 年拉萨"3·14"事件后，国务院办公厅转发了国家发展改革委《关于近期支持西藏经济社会发展的意见》，针对西藏经济社会发展中需要解决的主要问题出台了一系列优惠政策，由中央财政安排资金帮助解决。

2010 年 1 月，中央召开第五次西藏工作座谈会，强调推进西藏跨越式发展和长治久安，继续保持中央对西藏特殊优惠政策的连续性和稳定性，并进一步加大政策支持和资金投入力度。

辉煌成就

在中央的特殊关怀下，拉萨进入最好的发展时期。2007年，拉萨市全面启动创建全国文明城市、国家卫生城市、国际旅游城市、全国双拥模范城市、国家环保模范城市、国家生态园林城市"六城同创"活动，加速推进市政道路、管网、街景改造工作，合理布局商业网点。"十五"（2001～2005年）和"十一五"期间（2006～2010年）完成固定资产投资229亿元。布达拉宫广场改造、金珠西路、柳梧大桥、东郊水厂、机场专用公路、老城区棚户区改造等一批重点项目全面竣工；青藏直流联网工程投入试运行，旁多水利枢纽、拉日铁路、纳金大桥、城市供暖供气工程等重大项目陆续开工建设。到2012年，拉萨市建成区面积达62.88平方千米，绿化覆盖率达33.79%，人均绿化面积达10.99平方米。中心城市的服务和辐射能力进一步增强。

拉萨第一座立交桥

天堑变通途

从西藏和平解放到民主改革、改革开放，拉萨这块美丽、神奇的土地发生了翻天覆地的变化，社会主义市场经济体制逐步建立，经济总量不断扩大。生产总值（GDP）从 1978 年的 2.32 亿元，到 2000 年的 40.36 亿元，再到 2012 年的 260.04 亿元，呈现出成倍增长的态势；国民经济三大产业实现了"三二一"结构优化，基本形成了城郊农区按照"扩经调结构"的方针，重点发展蔬菜、瓜果、花卉、藏药材等高附加值的农作物品种；河谷农区按照"稳粮扩饲调结构"的方针，大力发展优质、高产、高效的特色经济作物品种和优质饲草料；草地畜牧业经济区按照"增草优畜"的方针，主要发展以良种牦牛、优质绵山羊为主的草原生态畜牧业及以体验草原文化为主的生态观光畜牧业"三大区域""十大基地"的特色产业发展模式，城乡经济一体化加快；拉萨国家级经济技术开发区、达孜工业园、堆龙德庆羊达工业园、曲水雅江工业园"一区三园"集聚效应显著增强。2012 年，拉萨市工业企业达 200 余家，其中规模以上企业 45 家，完成工业增加值 26.98 亿元，占全市 GDP 比重的 10.4%，形成了以华泰龙矿业、5100 冰川矿泉水、天地绿色饮品、藏缘青稞酒业、雄巴拉曲神水藏药、高争水泥、岗地经贸、拉萨地毯等一批知名企业集团为骨干的工业企业群；初步确立了优势矿产采掘业、绿色食（饮）品业、新型建材业、藏医药业、民族手工业的 5 大支柱产业。

拉萨国家级经济技术开发区

人民生活水平显著提高，社会保障体系不断完善。2012年，城镇居民人均可支配收入与农牧民人均纯收入分别达到19545元、7082元；城镇和农村居民人均居住面积均达到30平方米。基本建立起以社会保险为主，社会救济、社会福利、优抚安置、社会互助相结合的社会保障体系；新型农村养老保险、农牧民基础养老金、城乡低保实现了全覆盖。

社会事业全面发展。2012年，拉萨实现了从幼儿园到高中、从普通教育到职业教育免费的目标，小学、初中学生生均"三包"经费提高到2200元。公共文化服务建设成效喜人。农家书屋实现全覆盖；广播电视综合人口覆盖率分别达96.69%和96.44%；三级卫生服务网络基本形成，每千人拥有医疗床位和卫生技术人员分别达到3.87张、7.96人。

2 幸福城市

现代文明

随着柳梧新区、东城区和东嘎新区的崛起，目前拉萨已形成了"东延西扩南跨、一城两岸三区"的都市框架，城市功能逐步完善。"六城同创"取得阶段性成果：成功创建全国文明城市，五次蝉联全国双拥模范城市，并荣获自治区"园林城市"和"卫生城市"称号。2012年3月，由国家统计局、中国邮政集团公司和中央电视台联合进行的"CCTV经济生活大调查"中，拉萨市被评为"中国幸福指数最高的城市"，这已是拉萨市连续5年获此殊荣。同年，由中国社会科学院发布的《公共服务蓝皮书》显示，在全国 38 个城市中，拉萨市的基本公共服务能力位列第一。2012 年，拉萨市还荣膺"全球节庆城市奖""国际最佳魅力旅游名城"称号。2013 年 5 月，拉萨市在由新华网、中国社会科学院城市发展与环境研究所等单位在京举办的"2012 年城市网形象排行榜暨《城市网络形象报告白皮书（2012）》发布会"上又被授予"中国城市网络形象排行榜十佳城市奖"荣誉称号。拉萨，以其独特的魅力成为世人景仰的一颗高原璀璨明珠。

拉萨幸福笑脸

幸福感首先来自舒心惬意的生活环境，并在和谐发展中得以升华。在人居环境大幅度改善的同时，当前，拉萨市以增强首府城市首位度为着力点，大力实施"环境立市、文化兴市、产业强市、民生安市、法制稳市"五大战略，迈入全面建设小康社会的快车道。

美丽繁荣

拉萨市围绕"五大战略"，在加快转变经济发展方式的同时，更加注重加强和创新社会管理，全面推进"幸福拉萨"建设，营造发展、稳定、和谐新局面。

环境立市，打造美丽拉萨。拉萨大力实施重点区域造林、国道（省道）沿线绿化、防护林、封育林和机场专用公路区域造林等生态工程；加快拉萨河源头生态功能保护区和拉萨周边湿地生态功能保护区建设，规划建设柳梧湿地公园；推进农牧区环境综合整治，创建自治区级生态乡镇、生态村；加强工业污染、尾气污染、生活污染等综合治理；加快推进城市供暖供气工程，力争实现全覆盖。以实实在在的行动实现"树上山、河变湖、暖入户"，建设惠及全民的天蓝、地绿、水净的美好家园。

文化兴市，促进文化大发展、大繁荣。拉萨构建社会主义核心价值体系，推进先进文化进寺庙，打造大型史诗音乐剧《文成公主》，使之成为在国内外具有影响力的西藏文化品牌；积极创建国家公共文化服务体系示范区，加快中国西藏文化旅游创意园建设；实施文化惠民工程，全面开展幸福拉萨规范舞、民间艺术团展演等群众性文化活动，尽快实现乡镇综合文化站全覆盖；深入推进文化、科技、卫生、法律、爱国爱教宣传服务"五下乡"和科教、文体、法律、卫生"四进社区"活动；加快完成重点文物保护维修工程。

产业强市，转变发展方式，提升产业质量。拉萨扎实推进现代农业示范区建设，全面提高关系百姓生活的粮、油、肉、奶、蛋综合生产能力；做大做强优势矿产业、建筑建材业、高原绿色食（饮）品加工业、民族特色手工业、藏药业、新能源六大支柱产业，促进工业化与信息化融合，与城镇化互动；整合打造一批精品旅游景区；加快"一区三园"建设，推动产业聚群发展。

人民幸福

以人为本，坚持为民办实事、办好事，着力解决好群众最关心、最直接、最现实的利益问题，全面提升各族群众的幸福指数。

民生安市，全面推进社会事业发展。实施义务教育学校标准化建设达标、农牧区学校规模化集中办学、优质学校建分校、教师素质提升四大工程，办好人民满意的教育；扎实做好国家创新型试点城市申报和规划建设工作，加快科技创新；深入推进公立医院内涵建设，认真执行农牧区大病医疗保险制度，加快藏医药发展步伐，大力培养农牧区基层卫生人才；加大公益性岗位开发力度，鼓励引导高校毕业生自主创业；健全完善以社会保险、社会救助、社会福利、社会慈善为重点的社会保障体系，实现新农保、居民养老保险制度全覆盖；构建流通成本低、运行效率高的农畜产品销售网络，加强重要商品价格监管。

法治稳市，弘扬社会主义法治精神。拉萨市运用法治思维和法治方式深化改革、推动发展、化解矛盾、维护稳定；加强和创新寺庙管理，建立健全寺庙管理工作长效机制，深入推进寺庙建管理机构、建党组织、建领导班子、建干部队伍、建管理职能、建管理机制"六建"工作，开展交一个朋友、进行一次家访、办一件实事、建一套档案、畅通一条渠道、形成一套机制"六个一"工作，做到寺庙有领袖像、有国旗、有道路、有水、有电、有广播电视、有电影、有报纸、有书屋"九有"，在 20 人以上的寺庙修建一个食堂、一个澡堂、一个温室、一个垃圾池、培养培训一名卫生员即"9＋5"工程，积极引导宗教与社会主义社会相适应；强化重点区域管控和军警民联防联控，提高预警、预知、预先、预防能力，深入开展反分裂斗争思想教育，最大限度争取民心。依法治市、依法稳市，保障了人民群众的幸福生活。

3　迈向新纪元

拉萨新生

1951 年，西藏和平解放，奠定了西藏与全国一起实现共同进步与发展的基本前提。1959 年，西藏掀起了轰轰烈烈的群众性民主改革运动，废除了政教合一的封建农奴制，解放了百万农奴，开创了人民当家做主的新时代。

1965 年，西藏自治区成立，标志着民族区域自治制度在西藏的全面确立。从此，西藏自治区享有了省级国家机关制定地方性法规的权力。昔日的农奴享有了平等参与管理国家事务和自主管理本地区和本民族事务的政治权利。1965 年以来，西藏自治区共制定了 250 余条地方性法规和具有法规性质的决议、决定，有效地维护了西藏人民在政治、经济和社会生活各方面的特殊权益，促进了西藏各项事业的发展。民主改革 50 多年来，西藏经历了从黑暗走向光明、从落后走向进步、从贫穷走向富裕、从专制走向民主、从封闭走向开放的光辉历程。短短几十年实现了上千年的历史性跨越,经济社会建设取得了巨大成就。

在和平解放西藏以前,驻藏大臣衙门是清政府派往西藏的常驻机构。驻藏大臣代表中央王朝行使国家主权尤其是外交权。西藏地方作为清中央王朝的一部分,没有独立的外交权力。到拉萨的商人和旅客,必须呈报驻藏大臣衙门批准。尼泊尔和克什米尔商人定期来藏,由驻藏大臣衙门签发路证。对于外方信件,"其回文必须按照驻藏大臣之指示缮写,关于边界的重大事务,更要根据驻藏大臣的指示办理"。以 1978 年十一届三中全会召开为起点,西藏开展了一系列外交活动,对外交往呈现出酝酿、勃兴、持续发展的特点,有力地推动了拉萨教育、科技、文化、卫生等事业的发展,展现了社会主义新西藏建设取得的伟大成就。

友好交往

1951 年 5 月 23 日,西藏和平解放,将帝国主义侵略势力驱逐出西藏,取消外国在藏的种种特权,在平等、互利以及尊重领土和主权的基础上与邻国和平共处,友好往来。根据"十七条协议"精神,中央政府于 1952 年 1 月在西藏地方正式设立外事机构,同年 9 月,"中央人民政府驻西藏代表外事帮办办公室"正式成立,标志着中央正式收回了西藏地方的外交权,完全实现了"由中央人民政府统一处理西藏地区的一切涉外事宜",宣告了原西藏地方政府背离中央政府从事对外交往的非法状态将不复存在。西藏地方的对外工作完全被纳入中央统一领导之下，并走上了健康发展的道路。

作为西藏自治区首府和中心城市，拉萨是全区对外交往的"窗口"。30多年来，拉萨对外交往工作坚决贯彻执行中央对外方针政策，坚持为国家总体外交服务，为拉萨经济社会发展服务，为拉萨社会局势稳定服务，让世界认识拉萨，让拉萨了解世界，不断推进对外交流与合作，为拉萨的稳定和发展营造了良好的外部环境，为拉萨的经济社会发展和政治局势稳定做出了重要贡献。1955～1978年，9批60人次的外国政要官员、1批1人次国际组织人士、1批2人次的外交官和领事馆官员、7批91人次的外国记者、1批3人次的知名人士到拉萨参观访问。

1987年，拉萨对外交往的官方职能部门拉萨市外事办公室正式成立，与拉萨市旅游局合署办公，1994年，拉萨市对外交往的民间机构拉萨市人民对外友好协会正式成立，自此，"官民并举"，拉萨市对外交往翻开了崭新的一页。2002年11月，拉萨市外事办公室独立分设，为正县级建制，是政府工作部门。2009年拉萨市外事办公室在原有基础上，新增设外事科、涉外项目管理科。自此，在市委的领导下，拉萨市外事办公室的发展进入了一个快车道。因工作成就突出，拉萨市外事办公室先后荣获"民族团结先进集体""扶贫工作先进集体""人民友谊贡献奖""拉萨市创先争优先进单位""服务国家整体外交突出贡献奖""友城战略发展奖"等表彰和奖励。

30多年来，拉萨外交本着"以人为本、外事为民"的宗旨，坚持为国家总体外交服务，坚持为维护祖国统一、国家安全与西藏稳定服务，坚持为西藏经济社会跨越式发展服务，全方位、多层次、多角度地拓展外事活动，向世界展现了拉萨的建设成就和风采。改革开放以来拉萨从事经贸、科技、教育、文化、卫生、环保等领域考察交流的因公出访人数逐年递增，而且近年来的出访团组和人数增势强劲，仅 2012 年，全市出访团组 15 批 42 人次，出访足迹遍及世界五大洲的 50 多个国家和地区。在中央第三、四、五次西藏工作座谈会以后，彻底改变了多年来拉萨市"走出去"的人数在较低水平徘徊的状况，出访团组认真贯彻"广泛接触，多做工作，增信释疑，加深了解，求同存异，扩大共识"的指导方针，出访实效不断增强。

"走出去"战略的实施，向世界呈现了一个真实的拉萨，讲述了拉萨的历史本来面目，展现了当代拉萨人的风貌和才学，宣扬了拉萨传统文化艺术的魅力，向世人宣示了拉萨人民平等参与国家事务的不争事实；同时，让拉萨人开阔了眼界，认识了世界，学习了外国先进的发展理念、技术和经验，引进了资金和人才，增强了自身发展的实力和后劲。通过与国际社会合作，拉萨也培养了一批人才。

国际合作

改革开放以来，拉萨在经济、商贸、科技、教育、卫生、文化等各个领域进行了内容广泛、形式多样的国际性合作与交流，既有一些大型的中长期合作，也有许多短期研究、联合开发、独立投资、合作经营等，对外交流与合作呈现出不断发展的态势，推进了拉萨经济社会的全面发展。

同境外非政府组织的合作项目有序开展。自 20 世纪 80 年代末开始特别是 90 年代中后期以来，拉萨先后与多个境外非政府组织在基层教育、医疗卫生、文化、农业、民族传统文化保护、残疾人事业和民族手工业发展、生态环保等领域开展合作。比如 2012 年 5 月 25 日至 6 月 21 日，西藏大学承办了国家商务部涉外培训项目"尼泊尔海关管理研修班"，共有 15 名尼泊尔海关官员受训，教学效果显著，受到了国家商务部的表彰。该项目具有里程碑的意义，不仅展现了西藏高等教育的新水平，还为今后的项目培训奠定了基础。30 多年来，境外非政府组织先后在拉萨市开展了 200 多个合作项目。通过请进来，走出去，西藏自治区在一定程度上推动了经济社会的新发展。

民间往来

多年来，拉萨市通过民间渠道，邀请并接待了众多的国际友人来拉萨访问，也通过民间渠道，派出了许多团组赴国外考察和交流。一些境外民间友好团体通过访问拉萨，在境外的报纸杂志发表了许多观感文章，有的还通过援助和捐赠的方式，向拉萨市教育、医疗和福利机构援增资金和设备。

1994 年，成立了"拉萨市人民对外友好协会"，20 多年来，我市的民间对外交往工作日趋活跃，共接待或协助接待来访外国友好团体及个人 1000 余人次。拉萨市通过民间渠道，拓展民间友好交往，积极开展对外交往，为我市民间对外交往提供了广阔的空间。1996 年以来，拉萨市对外友协组织出访团组共计 10 余批 60 余人次，赴美国、日本、俄罗斯、以色列、尼泊尔等国家访问交流。国际互访交流，增进了拉萨与各国的友谊，在国际上树立了拉萨良好的对外形象，引导外国民众认识拉萨的真实情况，为拉萨的稳定和发展创造了良好的外部环境。

自 1988 年以来，拉萨共与五个外国城市结为友好城市，分别是拉萨市与美国科罗拉多州博尔德市、拉萨市与玻利维亚波托西市、拉萨市与俄罗斯卡尔梅克共和国埃利斯塔市、拉萨市与以色列贝特谢梅什市、拉萨市与尼泊尔加德满都市。友好城市工作推动了双方人民之间的相互了解和友好情谊，加强了多领域的交流与合作。

拉萨的明天更美好

参考文献

1. 恰白·次旦平措：《西藏通史——松石宝串》，中国西藏杂志社、西藏古籍出版社联合出版，1996。

2. 马昇：《西藏拉萨市曲贡村新石器时代遗址第一次发掘简报》，《考古》1991 年第 10 期。

3. 西藏地方志编纂委员会：《拉萨市志》，中国藏学出版社，2007。

4. 廖东凡：《拉萨掌故》，中国藏学出版社，2008。

5. 拉萨地方志编纂委员会：《拉萨年鉴》，方志出版社，2012。

6. 陈庆英、丹珠昂奔、喜饶尼玛等：《西藏史话》，鹭江出版社，2004。

7. 《清朝理藩部则例》。

8. 吴丰培、曾国庆：《清朝驻藏大臣制度的建立与沿革》，中国藏学出版社，1989。

9. 丁玲辉：《西藏的民族传统体育》，西藏人民出版社，2006。

10. 达仓宗巴·班觉桑布：《汉藏史集》，陈庆英译，西藏人民出版社，1986。

11. 萨迦·索南坚赞：《西藏王统记》（藏文），民族出版社，
    1981。

12. 巴桑次仁：《跟我转"林廓"去》，《中国西藏》2002 年第
    4 期。

13. 尕藏才旦、格桑本编《雪域气息的节日文化》，甘肃民族
    出版社，2000。

14. 《邓小平军事文集》第 2 卷，中央文献出版社，2004。

15. 《西藏工作文献选编》，中央文献出版社，2005。

16. 《中国共产党西藏历史大事记（1949～2004）》第 1 卷，
    中共党史出版社，2005。

17. 宋月红：《中共西藏工委的创建与组织沿革考述》，《中共
    党史研究》2007 年第 6 期。

18. 董宇：《立足西藏实际坚持对外开放服务西藏发展——改革
    开放 30 年西藏外事工作发展成就回顾》，http：//
    epaper. chinatibetnews. com/xzrb/html/2008 - 12/30/content _
    50893. htm。

史话编辑部

图书在版编目（CIP）数据

拉萨史话/马新明主编. —北京：社会科学文献出版社，
2015.4
（中国史话）
ISBN 978 - 7 - 5097 - 6290 - 5

Ⅰ.①拉… Ⅱ.①马… Ⅲ.①拉萨市 - 地方史
Ⅳ.①K297.51

中国版本图书馆 CIP 数据核字（2014）第 171569 号

"十二五"国家重点图书出版规划项目

中国史话·社会系列
拉萨史话

主　编／马新明

出 版 人／谢寿光
项目统筹／宋月华　谢　安　　责任编辑／王玉霞

出　　　版／社会科学文献出版社·史话编辑部（010）59366469
　　　　　　地址：北京市北三环中路甲29号院华龙大厦　邮编：100029
　　　　　　网址：www. ssap. com. cn
发　　　行／定制出版中心（010）59366509　59366498
　　　　　　市场营销中心（010）59367081　59367090
　　　　　　读者服务中心（010）59367028

印　　　装／三河市尚艺印装有限公司
规　　　格／开　本：889mm × 1194mm　1/32
　　　　　　印　张：6.875　字　数：143千字
版　　　次／2015年4月第1版　2015年4月第1次印刷
书　　　号／ISBN 978 - 7 - 5097 - 6290 - 5
定　　　价／25.00元